U0841020

中国古老文化寻踪

古乐流长

[日] 刘宏军　编著　[日] 刘宏军等　供图

中国科学技术出版社
·北　京·

总序

人类文明的演进是一部文化史，也是一部科技史。在科技革命前的几千年里，文明的发展是分区的、渐进的，缓慢前行，凡是有着悠久历史的民族，都积淀下丰厚的文化结晶。到了近现代，因科技的爆发式发展，经济迅猛增长，全球化整合加速，整个人类文明迎来了前所未有的大变迁时代。那些曾经传承在各民族、部落，体现在艺术、工艺以及人们日常生产生活方式及行为中的文化瑰宝，在几千年历史的波澜中经历了考验，却可能在整体文明变迁中失去存在的基础。

有句老话说：民族的，才是世界的。但今天的现实是，全球化同化着人们的生活，也弱化了支持民族古老文化的基础。摆在面前的课题是：如何保住民族的文化？如何维系全球文化的多元生态？面对逐渐消失的五千年中国古老文化，我们能够做些什么？《中国古老文化寻踪》丛书的一个“寻”字，是非常值得推崇的。

寻，是一种态度。丛书的作者们将目光投向目前还活着但正在或很快会消逝的民族文化精品，诸如传统的手工艺、民俗、古乐舞、古乐器、皇家园林、市井风情、村落生活，等等，它们看起来彼此独立，但从内在看，同样扎根于古老的文明。丛书视野开阔，从皇家宫殿到市井胡同，从隋唐乐舞到历朝乐器，从京剧艺术到藏族神舞，从部落祭祀到清茶一杯，这“寻”的眼光无所不至，唯民族的精神是从。

寻，是一种价值。以四川夹江马村一带的造纸术为例，那里自古以来造纸业非常兴旺。其传承千年的手工造纸法，几乎原版再现了蔡伦的造纸术。夹江手工造纸术系国家级非物质文化遗产。这种以独特视角真实记录民间工艺的作品却有着艺术审美与经济文化的双重价值。又如藏族的羌姆舞蹈，从舞蹈内容上来说虽源于祈求神佛驱除恶魔，但从民族心理文化的深层次来说，却表现出人们期望驱逐浮躁杂念，回归心灵平静的追求。有人说，攀登高山，是因为山就在那儿。我相信，古老文化的记录者们有着同样心结。

寻，是一种方式。早在十几年前，刘晓峰同志就计划构思拍摄“现代的古老”大专题，希望通过挖掘现代生活中古老的文明，以及古代与现代有联系的事和人，比如传统工艺、非物质文化遗产等内容，启发当代读者的文化自觉。摄影者对题材与拍摄角度的选择，其实也是其世界观的一种表达方式。我感到，丛书的工作其实代表了一批农工民主党人的文化自觉。在新的历史时期，他们自觉承担起了保护民族遗产、弘扬中华文化的历史使命。与此同时，中国科学技术出版社多年的精心策划、酝酿与组织，一大批专家、摄影师们长期的积累与饱含深情的工作，则成为丛书得以完成的现实基础和不可或缺的前提。

用影像探寻文化形态，以文字揭示内在价值，《中国古老文化寻踪》抢救的是中国传统文化的“活的基因”。科技推动了社会变迁，科技也给了我们搜救的手段，我们需要发动各方面力量，用高科技方式，以最高技术格式记录下这些“活的基因”，承接祖先的血脉，并世代相传。这也是实现“中国梦”的重要组成部分。

陈竺

前言

今天海内外的华人们，言必称华夏儿女，为中华文明博大精深的优秀传统而自豪不已。我们的祖先为人类文化的发展确实做出了伟大的贡献。殷墟甲古文的考古发现，说明中华文明最早一批脱离了结绳记事的层面，创造了象形文字，这是人类不朽的文化构建之一。夏、商、周的文物则代表了那一时代世界最高的器物制造水平。那些优美、富有想象力的形象说明，我们的祖先在艺术创造上很早就已居于成熟文明的水准。

至于其后的春秋、战国、两汉等朝代，中国文化的发展，在独特的风格上一脉相传，在社会层面上则推广到社会各阶层，反映出不同社会阶层的风貌，堪称内容丰厚，百物灿烂。内部的繁荣也带来与外部交流的自信，汉武帝遣张骞一行出使西域，使强兵打通河西走廊，开辟丝绸之路，打通了中国通向西亚、北非和欧洲的道路。印度的佛教文化东传，伊朗的金银琉璃艺匠风行于汉土，中亚的水果菜蔬改变了汉人的饭桌，人们的服装风格也吹进了胡风。甚至于，西域的良马进口到内地，增强了中国军队的力量。与此同时，中原的丝绸源源不断地输出，也为当时的西方世界送去了中国文化的器物和审美趣味。

隋朝虽然短暂，但文帝的政权已接收了丝绸之路的成果，并为大唐盛世奠定了基础。隋朝已形成七部乐，后期发展为九部，而到了唐代，又由九部发展到了十部。而十部乐里也包含了周边诸国的一些外来乐种，如：天竺乐、疏勒乐、龟兹乐、高昌乐等。

初唐的君主贤明通达，国家风气开明，长安成为国际化的都市，大批的外国人向往着这片乐土。在中外的文化交流中，盛唐的许多先进政治、经济、文化和思想，以及技术的信息传播于四邻，各种器物远播于东瀛和西亚、南亚。国际化的开明政策带来了内部文化创造力的大爆发，各类精美的器物、工艺、服饰以及各类艺术形式层出不穷，它们丰富了贵族们的精神生活。华美衣饰、宫廷器具、庙宇佛具、生活用品、艺术道具，等等，种类繁多，视觉和使用效果震撼人心。它们就是隋唐生活的真实体现，也是我们记忆中追寻的失落的魂魄。

在今天这样一个中华文明复兴的时代，我们应当研究、继承这些不朽的遗产，进而为时代的发展提供精神的动力。日本在唐代曾经全盘学习中国文化，一定程度上接受了隋唐文化的衣钵，所以现在有很多器物和艺术形式在日本还活生生地存在着。这其实是隋唐文化的活标本，可以为我们研究和复原隋唐文化提供很好的参考和借鉴。本书自日本收集积累图片资料的初衷，也正是基于这种考虑。本书有些图片资料时代久远，图片质量较差，有些已是孤片，再收集难度很大，在此请读者谅解。

在此，首先感谢中国科学技术出版社出版发行这套有着珍贵历史价值的图像资料，促使了古代重要的文化艺术信息能够早日普及于世。感谢我的友人米田雄介博士，因他长年对于我的工作给予支持和帮助，才顺利地进行了与此有关的研究。我的友人张明舟先生具备民间大使级的慧眼，连接了此书的出版机缘。感谢老友许红婴女士，她以求真的态度，为此书的文稿提出了宝贵的意见。还应感谢为书稿的整合不辞辛苦的编辑们，她们以不可否认的耐力尽职尽责。

本书的资料得到有关机构和著作权、肖像权单位的理解和支持，才有幸出版面世，在此一并感谢。

目录 | Contents

目录 Contents

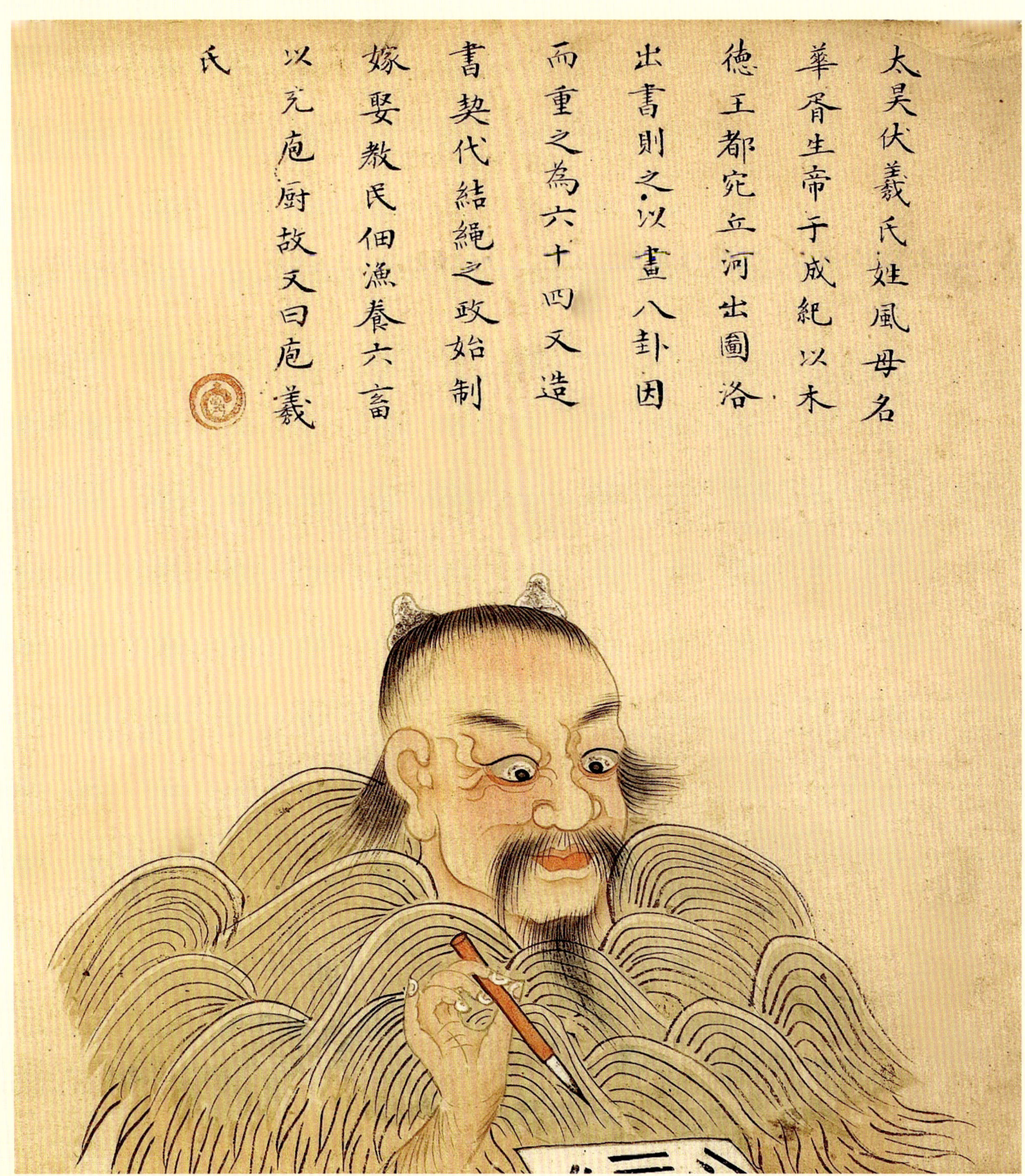

伏羲画像

太昊伏羲氏姓风，母亲名叫华胥，她在成纪（今甘肃秦安）生下伏羲。伏羲凭借木德为王，都城在宛丘（今河南淮阳）。传说当时黄河浮出龙马背负龙图，洛水出现神龟背刻文书，伏羲效仿之画成八卦，这可能是《易经》的最早起源。伏羲又创造文字来代替结绳记事，并制定了婚丧嫁娶的礼仪。伏羲教会人们种田、捕鱼、养牲畜来获取食物，因此又被称为庖羲氏。那个时代发生了大洪水，洪水过后，伏羲与女娲结合，重新繁衍了人类。

女娲曾利用匏竹制笙簧，教子作乐，这是音乐起源的传说之一。

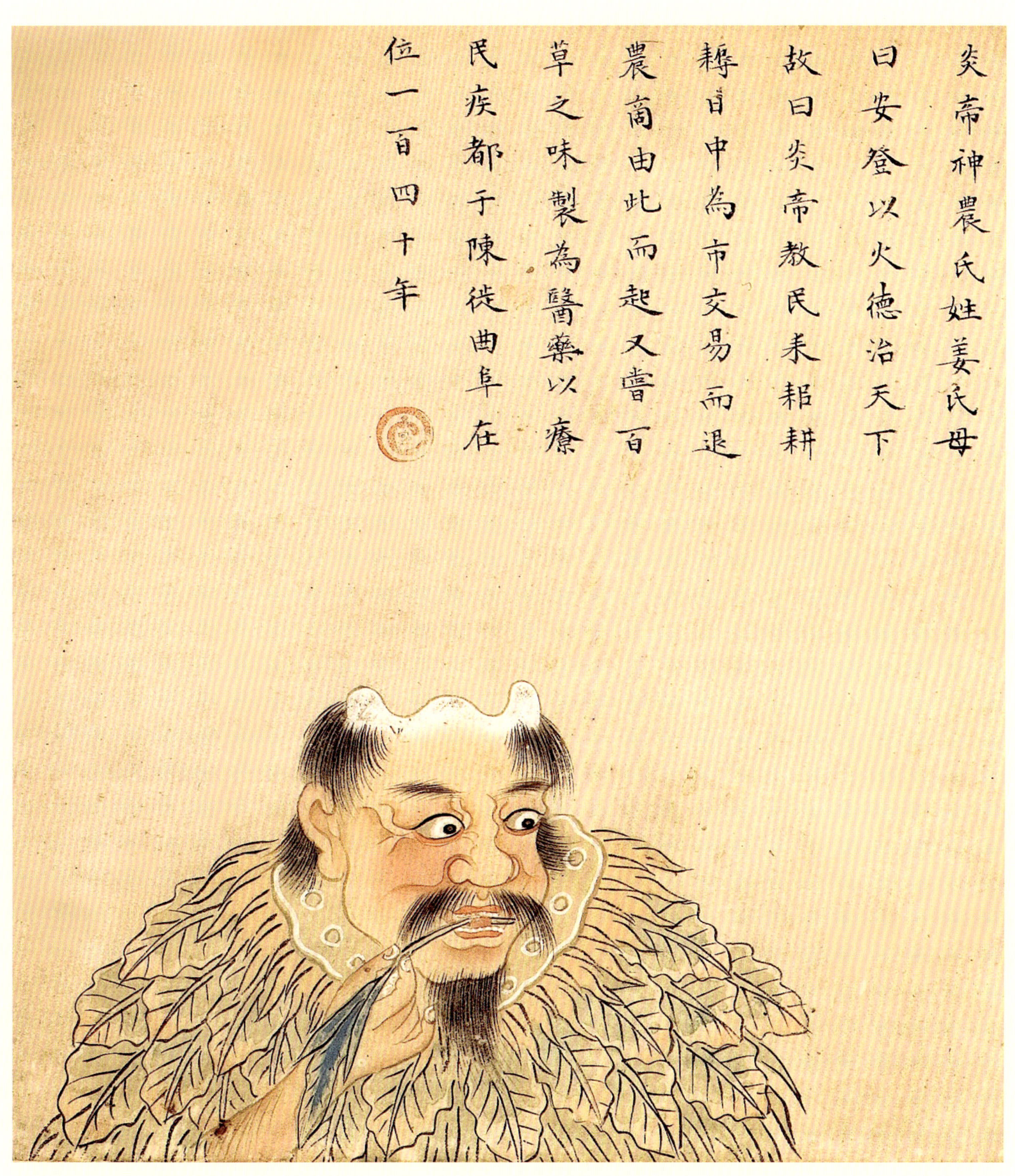

神农画像

炎帝神农氏，姓姜，母亲叫安登。炎帝凭借火德统治天下，因此号称炎帝。他教会人们用农具耕种，在白天设立集市，交易完毕自行退散，农业、商业由此兴起。又亲自品尝百草的性味，制成药品治疗疾病。炎帝在陈（今河南淮阳）建都，后来迁到曲阜（今山东曲阜），在位一百四十年。

相传，神农是五弦琴的发明者，五弦琴即后世七弦琴的雏形。

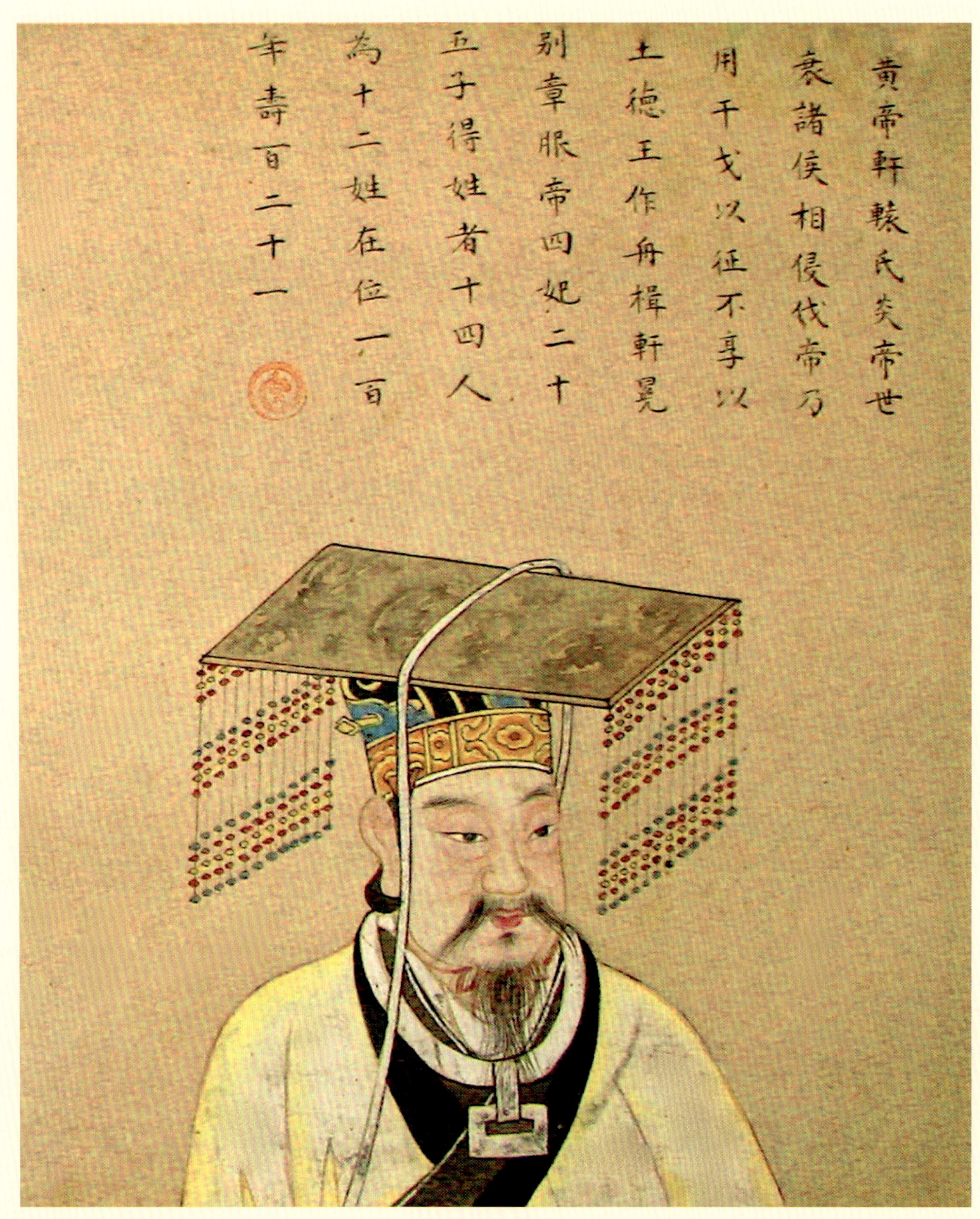

黄帝轩辕画像

黄帝轩辕氏。炎帝时代衰微，诸侯相互侵扰征伐，黄帝于是使用武力征伐不来朝贡者。他凭借土德称王，发明了舟船、衣帽服装。黄帝有四位妃子、二十五位儿子，获得姓氏的十四人，分为十二种姓氏。黄帝在位一百年，寿命一百二十一岁。

黄帝为中华民族崇敬的先人，也是人类走向开化的智慧先驱。

周文王画像

周文王是黄帝的后裔。据史料记载，他的先祖为后稷，到十四世孙名叫季历，娶太任为妻，生下周文王，继承世位。周文王施行仁政，遭崇侯虎谗言诬陷，被囚禁在羑里（今河南汤阴），于是把《易经》的八卦推演为六十四卦，并创作卦辞，树立教化留传后世。周文王在位五十年，称王九年，寿命九十七岁。

周文王施仁政于民，以礼法教民，他所推演完善的《易经》是一套完整的哲学体系，泽被后世。

彩陶乐舞盆

先民们在史前时期，已会用黏土制作多种陶器，为生活所用。此彩陶盆描绘了他们的乐舞生活。先民们携手群舞，其场面令人遐想不已。

陶鼓筒

这是史前时期先民创造的娱乐器具，此鼓可张上鼓皮，敲击而发声。鼓筒前后带有拴绳吊环，可挂在身上，行走敲击。

陶埙

6700 年前至 3000 多年前的古人，用黏土制作吹奏乐器，借以抒发他们的生活情调，其名为陶埙。

石磬

新石器时期先人的遗存，属于二里头文化，1974 年于山西夏县东下冯出土。推测华夏先民在农耕生活中发现了可以发声的响石，因而利用它敲击发声，这样即变成了通信的响器，在必要时磬石的声音可以通知族群，集合起来商讨族群的重要事情，因而它可以作为通信工具来使用。在种植农作物时，可以犁地播种，它又成为农具可以来使用。后来发展成为乐器，由个体的磬石发展为群体的编磬，于西周礼乐兴起后，用于乐队演奏。（国家博物馆馆藏）

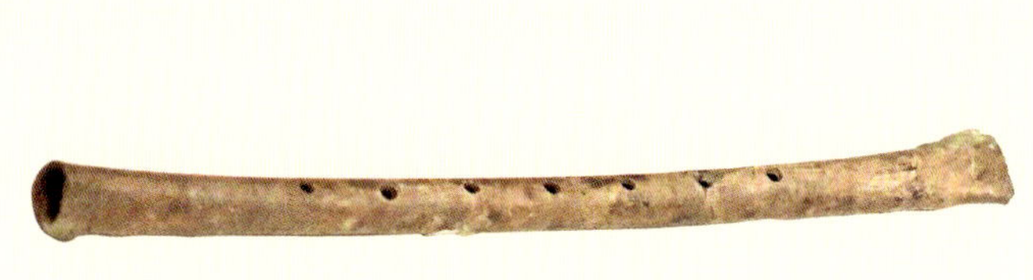

骨笛

骨笛为裴李岗文化（公元前 6100—前 5000 年）的遗物，1987 年于河南省舞阳贾湖出土。此笛身具有七个指孔，可吹出不同音高，是中国目前发现的最早的旋律乐器。

骨哨

骨哨是河姆渡文化遗物（据碳 14 测定距今 9000—7800 年），1974 年于浙江余姚河姆渡出土。骨哨的管体由一截禽类骨管制成，一侧琢孔，管内还插有一根可移动的肢骨，用以调节声调。

虎纹磬

这面虎纹磬体积较大，是商朝晚期的遗物（公元前 14—前 11 世纪）。此磬雕琢虎纹于其上，反映了商人的虎图腾崇拜意识，在当时族人的活动中，可能是作为特殊的重器来使用的。

虎纹青铜铙

这具青铜铙体积颇大，铸成的虎纹图样工整美观，纹沟较深，花样明显，可能是商代贵族生活中的重器，反映了他们的虎图腾崇拜意识。

象面纹青铜铙

商朝乐器。

兽面纹组铜铙

这是三枚为一组的铜铙，鼓部同样是兽面花纹，是商朝的军中用品。

铜鼓

稀世虎纹铜鼓。在中原的宗法礼乐制度里，青铜礼乐器为数甚多，这座铜鼓尤为引人注目，其鼓面的花纹有着商朝人的虎图腾崇拜遗风。

四虎镈

西周晚期（公元前 9 世纪上半叶—前 771 年）遗物，为礼乐所用，风格与造型独特。图案上的图腾物，可能就是周人生活中经常谈论的话题。

宗周钟

西周时期遗物，保存良好，为传世珍品。

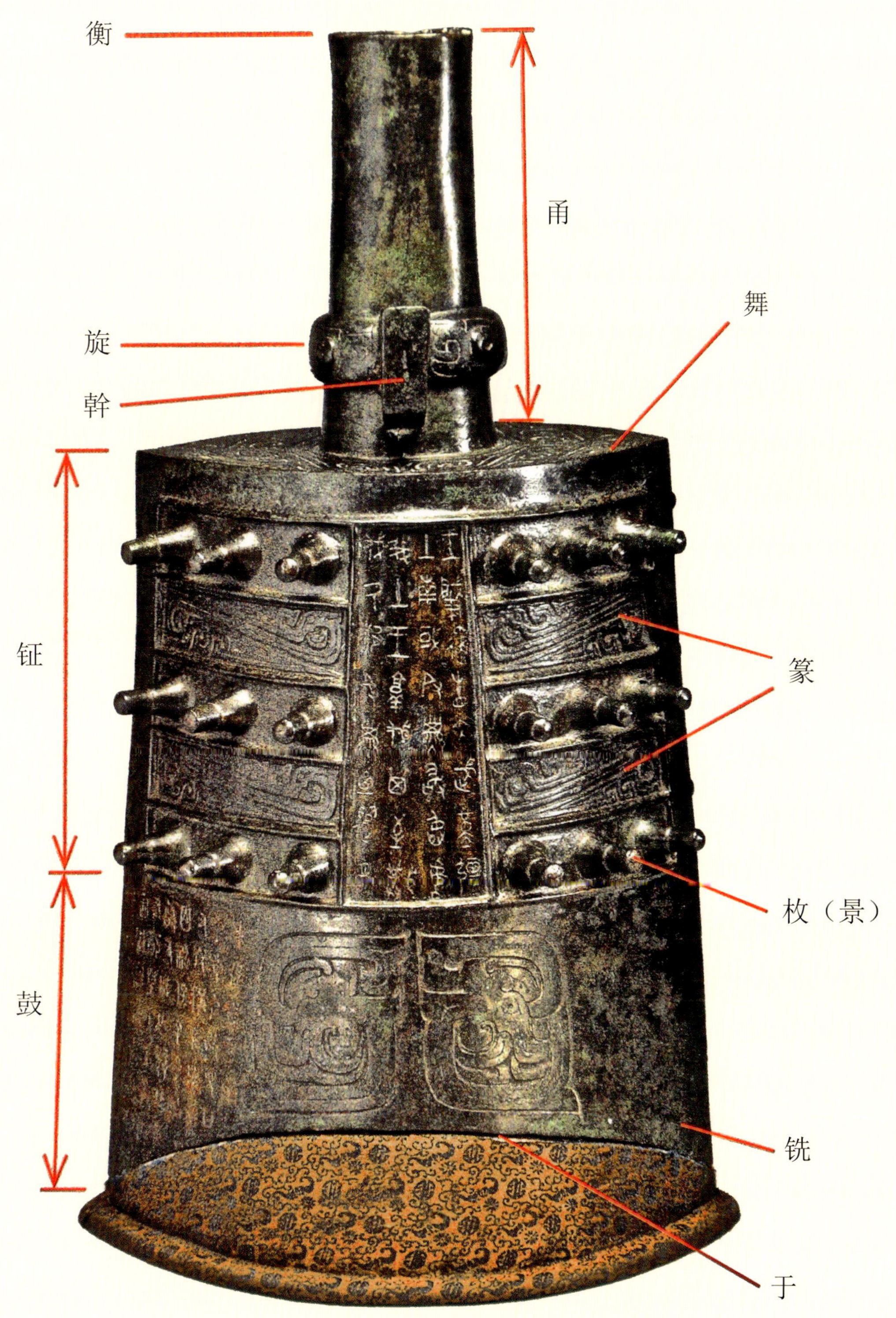

宗周钟是继商人之后，为礼乐的确立而精心制作的器物，各部名称都有明确标识，钟体鼓部刻有铭文，记录了当时人们所重视的事件。

青铜编钟

西周时期出土文物，用于礼乐活动，声音浑厚辉煌，是八音乐器中金石之声之一种。

陶钟

西周时期编钟的雏形，后发展为青铜钟。

陶铎

此器为公元前 4 世纪至公元前 3 世纪的遗存。目前没有发现其他的同类物件，可能是青铜铎的代用物，因而甚为稀有。铎体短而有柄，体腔内有舌，可执柄摇而发声。《周礼・地官・鼓人》的记载解释为“以金铎通鼓”，说明铎与鼓在军中各为使用之器物。铎在汉代时曾作为舞蹈时的使用工具，文献记载了“汉代铎舞，手执铃铎而舞”的场面。魏晋时期相继延用于宫廷的宴享乐。

铜镈

东周时期（公元前 770—前 256 年）先人遗物，其前身为陶镈，在族群举行重要活动时使用。

蟠纹编钟

春秋晚期遗物，选自编钟部分。

图为镈钲面上的篆体铭文内容。

青铜镈

春秋时期齐国遗物。镈身铭文 174 字，记载了𬶍因祖父鲍叔牙的功劳，齐侯封给他邑和人民，𬶍以此勉励自己。鲍叔牙，春秋时齐国大夫，因推荐管仲给齐桓公而有功于齐。

虎钮青铜錞于

春秋时期遗物，此器保存状况完好不锈，甚为稀有，似先人后裔传世物品，为不可多见之珍品。

无钮青铜錞于

春秋时期遗物。錞于是一种敲击乐器，与鼓相和，或与钲并用，多见于古代南方地区。

青铜人面纹錞于

古代军中乐器，亦可称为錞，用于战争指挥进退。顶部虎形钮装饰，应为古代巴人遗物。出土物多数发现于四川、安徽、湖北部分地区。用于春秋战国至汉代。

立鸟青铜镈

江西出土，商朝遗存器物。

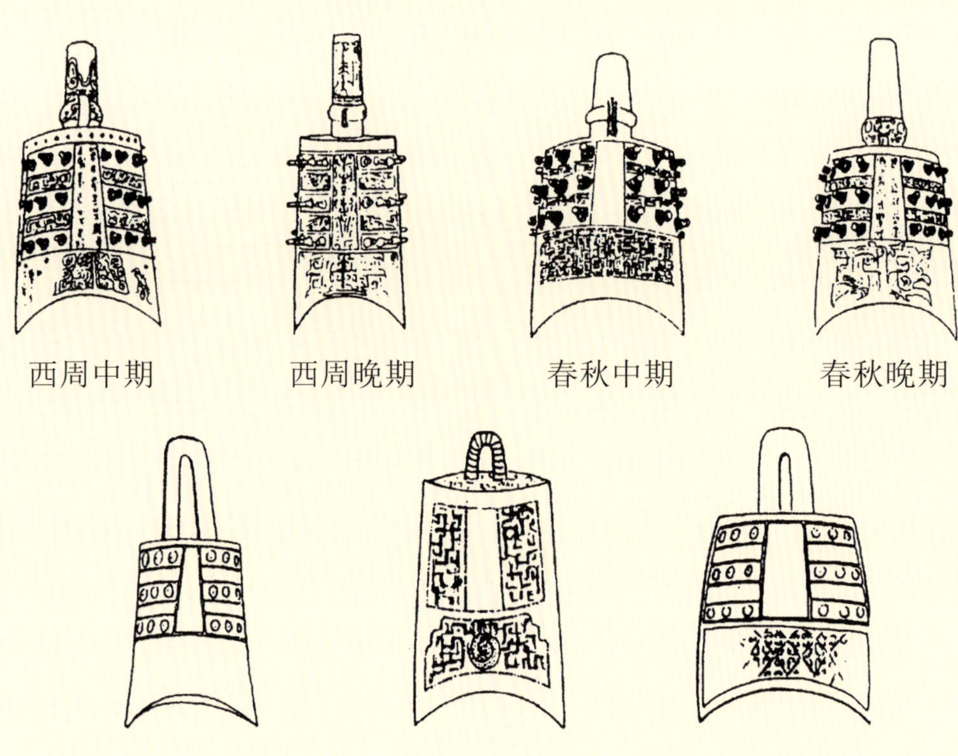

虎纹青铜钲

战国（蜀）时期遗物。钲为敲击乐器，多在行军时使用。此钲器身刻有典型的巴蜀符号。

百技图铜罐

此铜罐是战国早期的遗物。器物整体图案内容丰富多彩，刻画了古人的各种生活场面，图案极为美观，堪称稀世珍贵的杰作。

铜罐拓片图

上中下三层的画面上，刻画着古人生活的场景，可清晰地辨认出先人们的狩猎、采桑、织布、捕鱼、征战、歌舞等场面。

青铜钟

战国时期遗物。选自河南省郑州博物院馆藏编钟，其造型方正，工艺细腻，气势浑厚，实属古代贵族享用的重器。

编钟

战国时期遗物。此组编钟与其他多种古乐器同时出土，被誉为“世界第八大奇迹”。

编磬

战国遗物。磬架红与黑的色调及纹样设计，体现了时人崇尚楚文化风格的取向。

编钟

战国遗物，楚文化风格。

青釉錞于

战国（公元前 475—前 221 年）遗物，青铜錞于的雏形。

青瓷镈

战国早期的原始青瓷钮镈，原件有五个为一组和九个为一组的造型，挂钮形式也有所区别，可称其为组合起来的编镈。该器于无锡市锡山区鸿山出土，为我们了解古代吴地的乐器史提供了宝贵的实物资料。

西汉编钟

江苏省大云山近代出土的西汉编钟，属合瓦型。此组编钟的鼓部、铣部及衡部造型特殊，钟架顶端的铜铸饰物形状稀有，出土后修复的木制钟架，采用的是红与黑的彩绘图，呈现出西汉时期的图案风格。

花纹青铜钲

汉代遗存精品。钲为敲击乐器，多在行军时使用。此钲花纹细腻，工艺精良，可称为稀世珍品。

女乐舞陶俑

西汉（公元前 202—公元 8 年）时期遗物。应称为绕襟衣女乐舞陶俑，它塑造了汉代乐舞的一种姿态。同样人物造型为一组的陶俑于 1989 年在江苏省徐州市驮篮山楚王墓出土。（徐州博物馆藏）

击鼓说唱俑

东汉（公元 25—220 年）时期遗物。陶俑塑造出时人的民间艺术形象。击鼓说唱的人物表情活泼、姿态生动，给人留下深刻印象。

奇兽奏筑图

汉代古墓出土的先人作品。这款奇兽奏筑图，是湖南省长沙马王堆出土的汉墓遗物，图案甚为罕见，作者以木工与生漆工艺表现了奇兽与人共舞的幻想画面。

百艺画像砖

东汉（公元25—220年）画像砖遗物。画像中的艺伎在鼓声、排箫声的伴奏下，表演跳丸、抛球、巾舞等，姿态多样，表现了百艺兴盛的时代气息。

乐舞画像砖

南朝（公元 420—589 年）时期画像砖遗物。有横吹乐、鼓吹乐、吹笙舞凤图、吹笙击鼓舞乐图、天人乐舞图、吹箫击鼓祭祀乐、吹竽弹琴图等内容，异彩纷呈。

横吹乐

鼓吹乐

吹笙舞凤图

吹笙击鼓舞乐图

天人乐舞图

吹箫击鼓祭祀乐

吹竽弹琴图

飞仙壁画

南朝时期遗存，是中国较早的飞天形式壁画之一。画面描绘了天人腾云驾雾，有的弹箜篌，有的吹笙，有的吹横笛，有的弹阮咸，属佛教传入中国后的早期壁画。

鲜卑乐师画像砖

西晋（公元265—316年）时期出土遗物。描绘了乐师弹阮咸与弹卧箜篌的画面，揭示了西晋时北方民族的奏乐姿态与使用的乐器构成等情况。

抚瑟俑

北魏时期遗物。陶俑塑造了身穿斜襟衣的人物，头戴三朵放射状大花装饰的帽子，跪坐着演奏体积较小的叫作瑟的丝弦乐器。抚瑟者似在正式地为听众表演，稀有的造型给人以深刻印象。

北魏女乐俑

北魏遗物。三位演出的乐伎中，两人弹奏弦乐器，一人在歌唱。从模样看她们可能来自北方民族。

马上鼓角俑

北魏时期（公元 386—534 年）遗物，描绘了北魏的军乐吹号手形象。汉代以后，丝绸之路开通，鼓吹乐与横吹乐也在中国时兴，军队中使用鼓吹乐作为军乐。

乐园宴饮欢乐图

北周时期古墓葬遗存。乐园宴饮欢乐图描绘了波斯富商在中国和蒙古之间通商成功，赚取了巨额财富。他娶汉人之女为妻，雇胡人在家里表演歌舞，宴饮享乐，从画面中看，使用了多种丝绸之路的乐器。

黄釉乐舞图

北齐遗存物。图案中塑造了西域人典型的胡乐胡腾舞的场面，左方一人弹五弦琵琶一人敲铜镲；右方的人物一人在吹横笛一人在打手拍。这些乐手都在为中间的男主角伴舞奏乐。

弹琵琶女

北齐（公元550—577年）遗物。此俑证实了丝绸之路的音乐由波斯而东传的历史。

胡人乐舞俑

此俑为胡人舞蹈姿态，头戴尖顶帽，双臂摇摆宽袖，弯膝跺脚，身穿长袍，张口微笑，人物形象高鼻大眼，胡须浓密，很像是跳胡腾舞。胡腾舞是从西域传入中原的一种男子独舞，刚毅奔放，流行于唐代，曾风靡一时。唐中后期，安禄山见驾唐明皇和杨贵妃，带来了胡人盛行的胡旋舞和胡腾舞。如今这类舞蹈仍风行于哈萨克斯坦、吉尔吉斯斯坦、塔吉克斯坦等中亚国家和我国新疆地区。近期于宁夏回族自治区出土的一件国宝级文物“胡腾舞石刻墓门”，证实了胡腾舞从西域传入中原的历史。墓志显示的时间是盛唐武则天时期。唐朝诗人李瑞在一次观看胡腾舞的表演后，写下了《胡腾儿》一诗，诗中有“胡腾身是凉州儿，肌肤如玉鼻如锥”等名句。胡腾舞有大量的跳跃动作，唐诗的《胡腾舞》云：“石国胡儿人见少，蹲舞尊前急如鸟。”

唐诗对胡旋舞的描述很多，刘禹锡有“体轻似无骨，观者皆耸神，曲尽回身处，层波犹注人”的诗句；白居易的《胡旋女》中有“胡旋女，胡旋女，心应弦，手应鼓……”等诗句。胡旋舞于唐代也盛极一时。其特点为旋律美、节奏快、转圈多，主要由女性表演。

女乐舞陶俑群

隋朝遗物。这是一组隋朝女乐舞场面图，各种乐器的构成齐整，舞者位于中央并表演甩袖，姿态优雅。

乐舞女乐俑

隋朝遗物。

胡旋舞女图

敦煌壁画遗存。五彩缤纷装饰的两位汉族女子，在小圆地毯上跳起胡人的传统乐舞胡旋舞。这是唐代在长安皇城流行的舞蹈，唐明皇也极其喜爱胡旋舞与男性跳的胡腾舞。

胡旋舞

胡旋舞构线图。

胡腾舞

胡腾舞黑描图。

相声俑

唐代三彩陶俑遗物。罕见的唐代说“相声”陶俑，似二位你答我辩的相声演员。

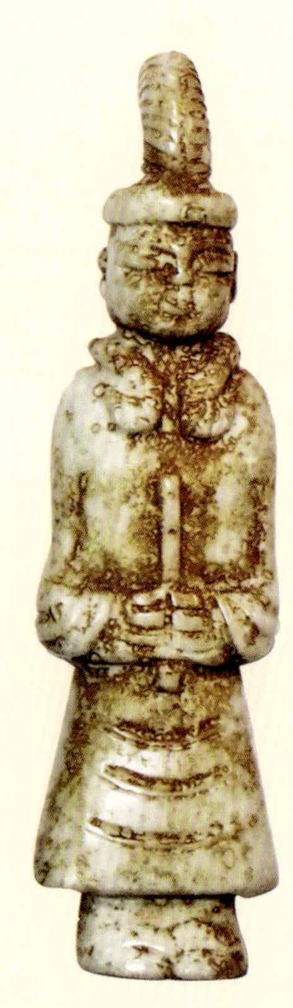

白玉雕乐俑

初唐遗物，古晋地即山西省太原市近年出土的珍品。六件乐俑持各式管乐器，乐俑穿着长袍，高冠顶戴，风格独特，应为晋王家的陪葬物。

坐部伎女乐俑

唐初期遗物，表现了坐部伎女乐队的部分演奏形态。

坐部伎乐俑

唐代坐部伎的演奏形态。前排左起依次为：弹四弦琵琶、吹排箫、吹排箫；后排左起为持尺八、吹笙、持横笛。

第 66 页至第 70 页图像为唐代的马上乐俑，刻画了唐代皇家出行时的马上乐队，有的弹箜篌，有的吹筚篥，有的打腰鼓，有的敲铜钹，还有的击拍板……各式乐手俱全，多彩多姿。

南唐乐舞陶俑

这一对男女舞者的造型，说明南唐时期的乐舞已与盛唐不同。丰饶的江南地区，民间歌舞也婉约多姿。

四弦曲颈紫檀琵琶

唐代遗物，是难得一见的墓葬实物乐器。

左图为老者弹阮咸铜镜，右图为唐代弹奏阮咸的妇人石雕像。阮咸的名称源于晋朝竹林七贤之一的阮咸，他擅长演奏此乐器且技艺超群，后人以其名为乐器命名。

鎏金奏乐杯

唐代长安遗物，波斯工艺手法。图为利特人奏乐跳舞的图像。

女乐图

陕西省长安古墓葬壁画，描绘了初唐时期年轻女性乐伎的衣饰款式和色调。

胡人奏乐俑

胡人穿着汉服，盘坐一团，可能是唐代定居于汉土的胡人乐师。

散乐图浮雕

1995 年河北省曲阳县王处直墓出土，是五代（后梁）（公元 10 世纪）的遗存。（河北省文物研究所藏）

坐部伎乐俑

唐代墓葬品。扮相为汉人，属坐部伎奏乐俑。

宫中女乐图

唐代遗存。这是一幅宫中的工笔绢画，描绘了唐代女乐习奏的生活场面，环境与氛围显得富丽堂皇，人物的相貌与服饰装扮、使用的器具都极为逼真。

武则天宫行图

此画描绘了武则天在宫中行走的场面，前呼后拥的人物，各自扮演着不同的角色。盛唐时期，国家富足，物质基础雄厚，朝廷有力量致力于文化典籍的修订，许多乐器、乐谱、乐书、乐论得以传世，武则天对此做出了贡献。

祈福女乐壁画

初唐壁画。女子们各自手持不同的乐器、鲜花和法器，组成了一支乐舞的队伍。左起前排分别在弹奏五弦琵琶、四弦琵琶、箜篌，敲击方响；左起后排分别在吹横笛、吹横笛（反向横吹）、吹排箫。中间的女子手拿花朵，而右边的红衣女子似乎扮演带领队伍的角色。这个场面可能是在为故人祈福。

弹琵琶女

唐代乐画的今人摹本。女性演奏者身着美丽的服饰，弹奏横抱的四弦曲颈琵琶。这位演奏者身处富贵人家的庭堂之上，背倚假山，演奏乐曲给达官显贵欣赏，她可能是当时的著名乐伎。

胡人骆驼乐俑

唐代（公元 618—907 年）遗存。三彩陶俑是唐代著名的工艺作品，这座胡人骆驼俑，塑造了在唐代丝绸之路上胡人与汉人经济文化交流活动时的典型形象。

唐人骆驼奏乐俑

唐代（公元618—907年）遗存。这座唐人骆驼奏乐俑，塑造了在唐代丝绸之路上，唐人与中亚人的东西经济文化交流活动时的典型形象。

胡腾乐舞伎乐图

唐代壁画。盛唐时期，不仅一般民众喜爱胡装、胡服、胡舞，连玄宗皇帝也崇尚不已。这是唐人乐师伴奏音乐、胡人舞者跳胡腾舞的场面。

如意娘　天長久

徫問提　惜〻塩

崇明樂　秦王破陣樂

飲酒樂　聖明樂　武媚娘

弊契兒　韋卿堂〻　三臺

九明樂　胡詠詞　蘇羅密

平調火鳳　移都師　以上廿種曲

五絃
調曲并廿七種
平調　大食調二種
越調　黄鍾調
盤涉調　以上調六種
王昭君　夜半樂

五弦琴谱目录（五弦琵琶谱）

唐代歌舞大曲资料。这是一套隋唐时期著名的宫廷乐曲集，乐曲汇集了唐代宫中的名曲，如《秦王破阵乐》《平调火凤》；西域人的胡旋舞音乐《惜惜盐》《弊契儿》；高昌人祝福的乐曲《圣明乐》；印度人的婆罗门名曲《苏罗蜜》等共二十八曲。

正面

背面

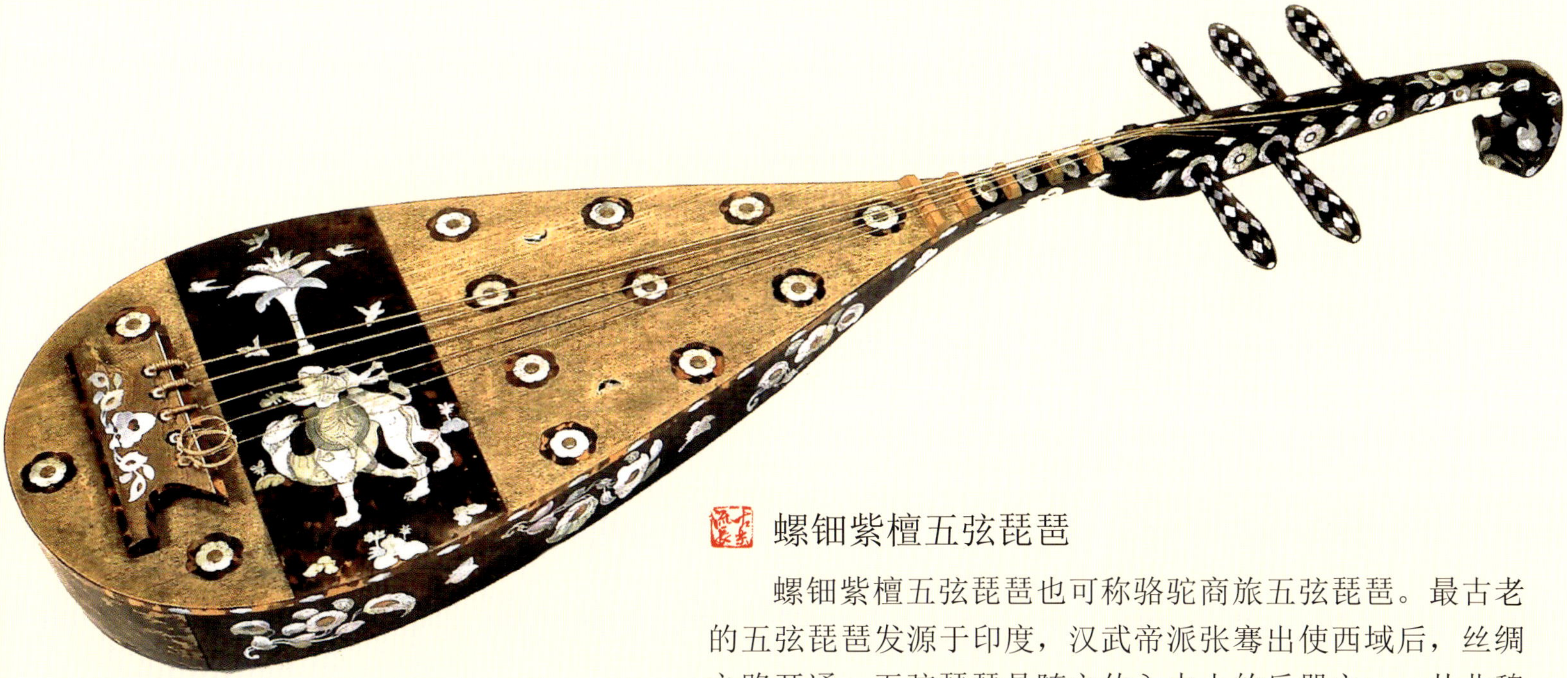

螺钿紫檀五弦琵琶

螺钿紫檀五弦琵琶也可称骆驼商旅五弦琵琶。最古老的五弦琵琶发源于印度，汉武帝派张骞出使西域后，丝绸之路开通，五弦琵琶是随之传入中土的乐器之一。从北魏时代的佛教石窟遗存中，可看到当时佛教音乐中使用的乐器，包括了五弦琵琶在内。

琵琶纹样

四弦曲颈琵琶织锦套

唐代乐器配备的附属品。这是一个四弦曲颈琵琶的绣锦套，花色雅致，花纹富丽，做工细腻，使用便利，内面有毛毡护层，保护琵琶响板不受挤压。

丝弦与弦盒

唐代的丝弦与弦盒保存至今，实属罕见。唐人为演奏使用方便，将各类不同规格的丝弦区分得一清二楚，使用的弦盒美观而耐用。

琵琶拨

唐代琵琶演奏拨子用料考究，设计精心，两款拨子图案各异。象牙拨为大漆朱涂底色，饰以吉祥麒麟图案，而紫檀拨的图案为金花金蝶飞银鸟。唐代卓越的工艺水平仿佛超前于那个时代。

象牙紫檀曲颈琵琶

此象牙装饰的紫檀琵琶，可称为“皇家狩猎”。大唐的乐舞举世闻名，乐器制作工艺精湛，此象牙紫檀曲颈琵琶是当时杰作中的一例。四弦琵琶最初由波斯经丝绸之路传入西域，辗转传到了大唐的宫廷中。它的工艺技术要求严谨，使用的材料极为考究。

此琵琶使用了上等的小叶紫檀制作背槽，用黄杨木制作乘弦的虾尾部，在桐木响板的拨弦处铺贴上护皮，以岩料彩绘和大漆朱涂于背景画面。图案描绘了宫廷皇族外出狩猎的风景。紫檀背槽和侧板表面铺嵌了象牙的图案，并涂有斑斓色彩，远山的花草小鸟作为陪衬风景，中央的莲花图案引人注目，一对鸳鸯衔起彩花在空中飞翔，给人以深刻印象。

枫木螺钿曲颈琵琶背槽

此款琵琶的背槽以枫木材制作，响板配以桐木，乘弦的虾尾部选用黄杨木雕成。琵琶的背槽面与侧板均铺嵌有螺钿花纹，在背槽螺钿上镶嵌的水晶花形内面，描绘成彩色的花瓣。

枫木螺钿曲颈琵琶局部图

此图可辨认出唐代琵琶的曲颈与使用的四个项（指奏乐音高的品位），与现代的中国普通琵琶构造有着明显的不同之处。在乘弦的四个项中，虽然只能演奏二十个不同的音高，音域不够宽，然而，唐代琵琶的乐声气势浑厚有力，是现代的琵琶所不可比拟的。

琵琶面板的护皮画面上，描绘了一头幽谷中装饰着黑带的玄象，一位双手拍击着细腰鼓的长老，以及横坐吹笛和站立起舞的两位童子。远处的飞鸟像是在鸣啼归巢，山谷的回响似乎将人引入另一个想象的世界，充满了中国古人生活中的写意趣味。这款琵琶可称为“玄象舞童”。

象牙紫檀曲颈琵琶

这把鲜为人知的名器，制作之精良令人叹为观止，背槽的用材使用了上等的小叶紫檀，背板和侧板皆用美观的象牙花形彩绘，以规格化的块状象牙彩片予以铺嵌，美观的几何式设计和色彩的观感体现了制作者的设计工艺风格和雅致的审美意识。

螺钿紫檀皮画琵琶

这面琵琶选用了上等的小叶紫檀材制成背板响槽，以桐木材制成响板，背板的工艺美术装饰华丽而优雅，以螺钿细工雕琢的一对人面鸟身的迦陵频鸟好像在入神地注视着人间万物。整把琵琶恰当地使用了螺钿、玳瑁、黄杨木等材质，所镶嵌的枝叶、彩云、花朵装饰了背槽的画面，在工艺美术史的作品里可称是仅有一例的传世作品。响板已朽，不可考详，现为后补之物。

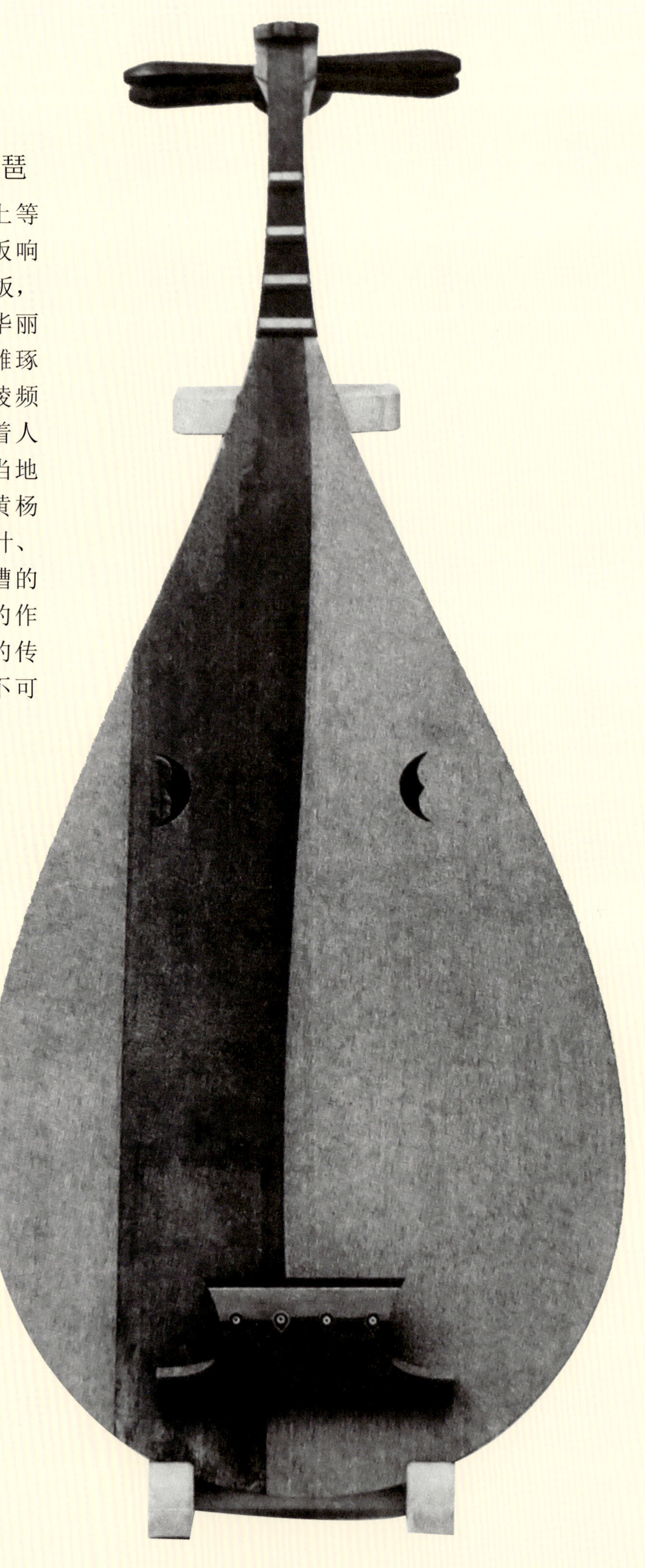

这面琵琶的纹饰画面内容优雅奇特，工艺手法也不多见。

紫檀皮画曲颈琵琶

这面琵琶的造型，采用了比较简素的工艺手法。响板护皮上的绘画图案，描绘了山谷里的鹰翔雁鸣的场面：高空强健的雄鹰追捕着于山间河谷里喝水嬉戏的大雁和野鸭，而受到了惊吓的雁鸭在竭力地逃生。乐器体积稍大，根据图案内容，可称为“鹰翔雁鸣”。

螺钿紫檀阮咸

螺钿紫檀阮咸是大唐顶级水平的宫中乐器瑰宝，体现了当时最高的工艺与乐器的制作水平。工匠选用小叶紫檀、螺钿、玳瑁、水晶、金银等多种贵重物料，采用多种工艺，经过漫长的时间精心制作了这把阮咸。响板的皮画图案，描绘了宫中的乐伎在一乐官的引导下演奏，此乐器属于珍品名器而传世，根据图案可称为“鹦鹉衔花”。

桑木皮画阮咸

中国固有的古代乐器，曾被认为是由弦鼗发展而来，另一俗名称为秦汉子。自南北朝的历史遗存开始，逐渐出现其演奏的场面。此乐器制作精良，是 1300 年前的传世珍品。背板、侧板均使用桑木，面部响板配以桐木材，响板边沿以玳瑁装饰，乘弦处也以玳瑁装贴完整，玳瑁下以金泥绘将透明处给予暗衬，调弦轴鼓，以象牙小珠予以点缀，背表两面均微突鼓，其设计兼顾了造型的美观和音响效果。响板皮画图案，描绘了两位棋圣在林中的对局场面，响板上端的左圆月内描绘了蟾蜍玉兔的传说，右圆日里描绘了三足金乌的传说。根据图案，这把阮咸可称为“棋圣对局”。

三彩瓷鼓

这种三彩瓷鼓是历经1300年传承下来的珍品。鼓筒以当地瓷土塑胎，花纹用黄白绿彩釉烧制而成。古代的腰鼓多用山羊皮，音声浮动较大，最小的腰鼓使用马皮，发出的声音清亮，并富于弹性，甚至可以打出滑音。鼓筒表面画有牡丹花纹作为装饰，可能是东都洛阳以牡丹花著名的缘故。三彩瓷鼓以杏红彩绳将鼓筒和鼓皮连接起来，以其调节达到最佳发声后再演奏。这种组装成一体的瓷鼓美观大方，是一种声音独特的皮鸣乐器，可称为“三彩细腰瓷鼓”。

瓷鼓皮残缺

细腰鼓桶

本鼓桶属于细腰鼓中敦实木鼓腔的一种，主要为伎乐舞蹈伴奏时使用。一般用整块的木材制作鼓筒，将鼓筒和鼓皮以缔绳组合起来，然后以挂带挂于胸前，一边两手拍打或用鼓槌敲击，一边跳起欢快的舞蹈。

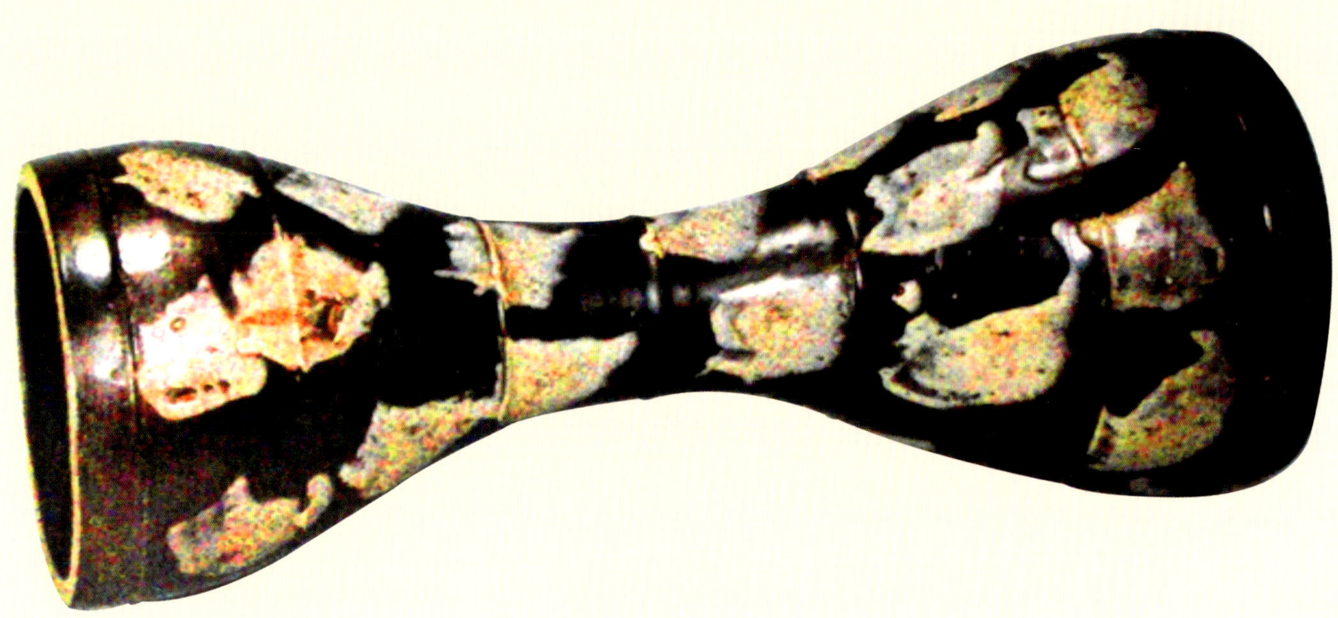

细腰瓷鼓桶

这是宋代传世的瓷鼓桶风格，鼓腔造型稍细长，与唐腰鼓相比已有了变化。多用于舞蹈等演艺活动中。

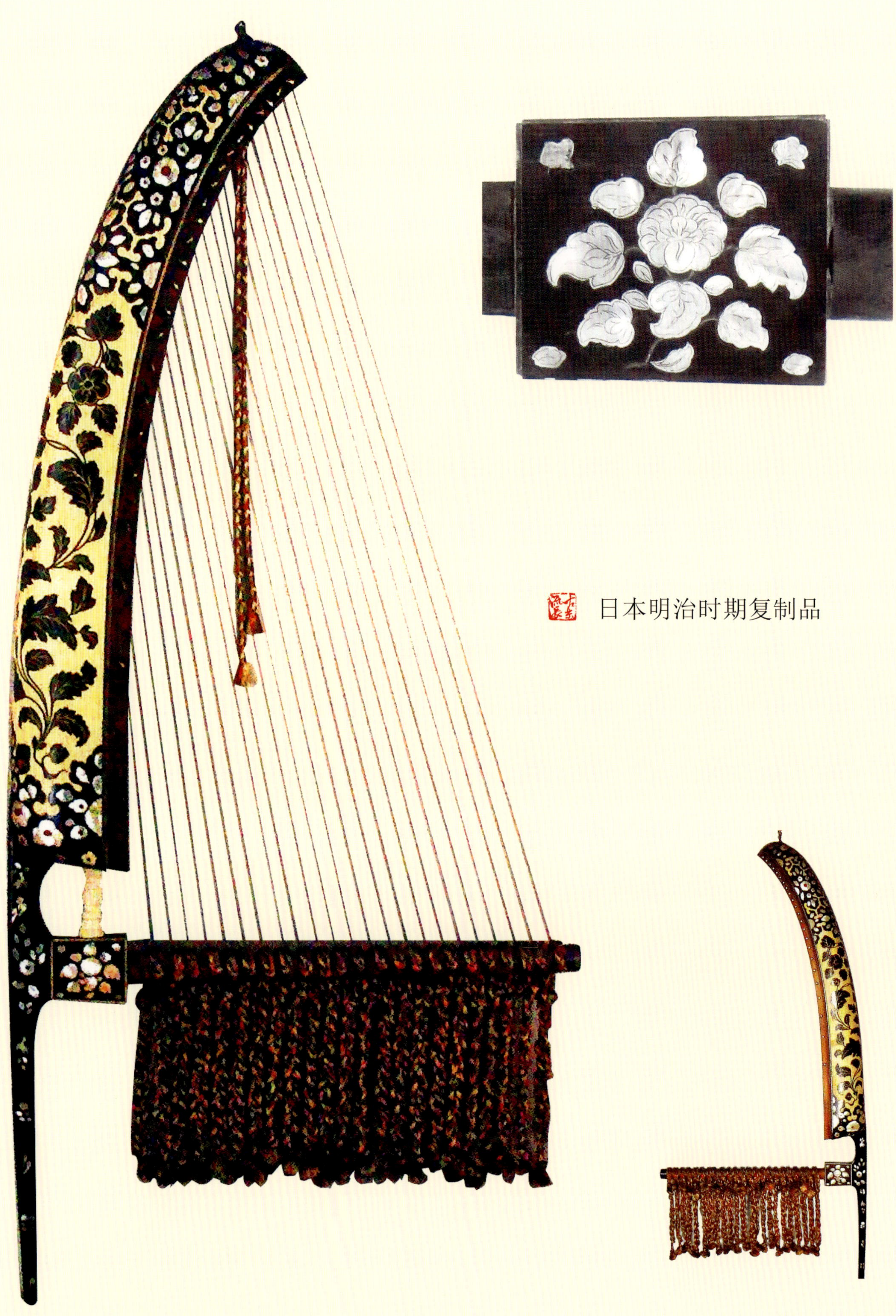

日本明治时期复制品

螺钿箜篌

竖头箜篌最初发源于两河流域的阿细利亚（今伊拉克境内），后传入波斯（今伊朗）。《隋书·乐志》对此有所记载，在此之前的古埃及图像遗存中也可见到同类物种的存在。箜篌已有4000多年的历史可寻，从波斯文化东渐的历史中留下了不少痕迹。在龟兹古国（今新疆的库车县克孜尔尕哈和库门图拉）的石窟壁画上，仍可见到北魏时的箜篌演奏画面，敦煌石窟更有很多在佛前演奏箜篌的场面。螺钿箜篌的制作工艺水平要求相当高，而大唐的工艺已达当时世界的顶级水平，根据其形象可称为“白雅花开”。箜篌的造型优雅大气，在古代的宫廷里是乐队不可或缺的重器。

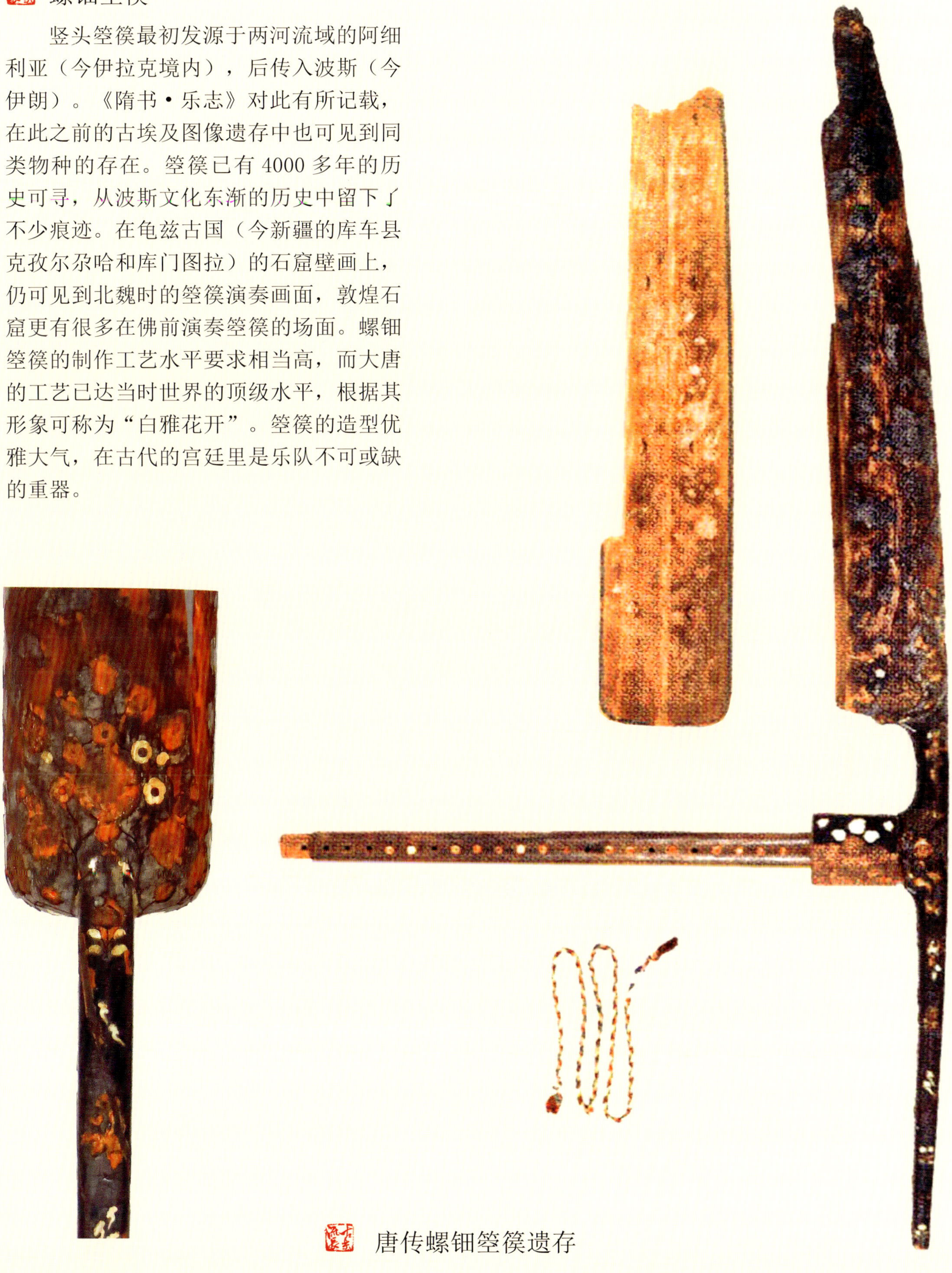

唐传螺钿箜篌遗存

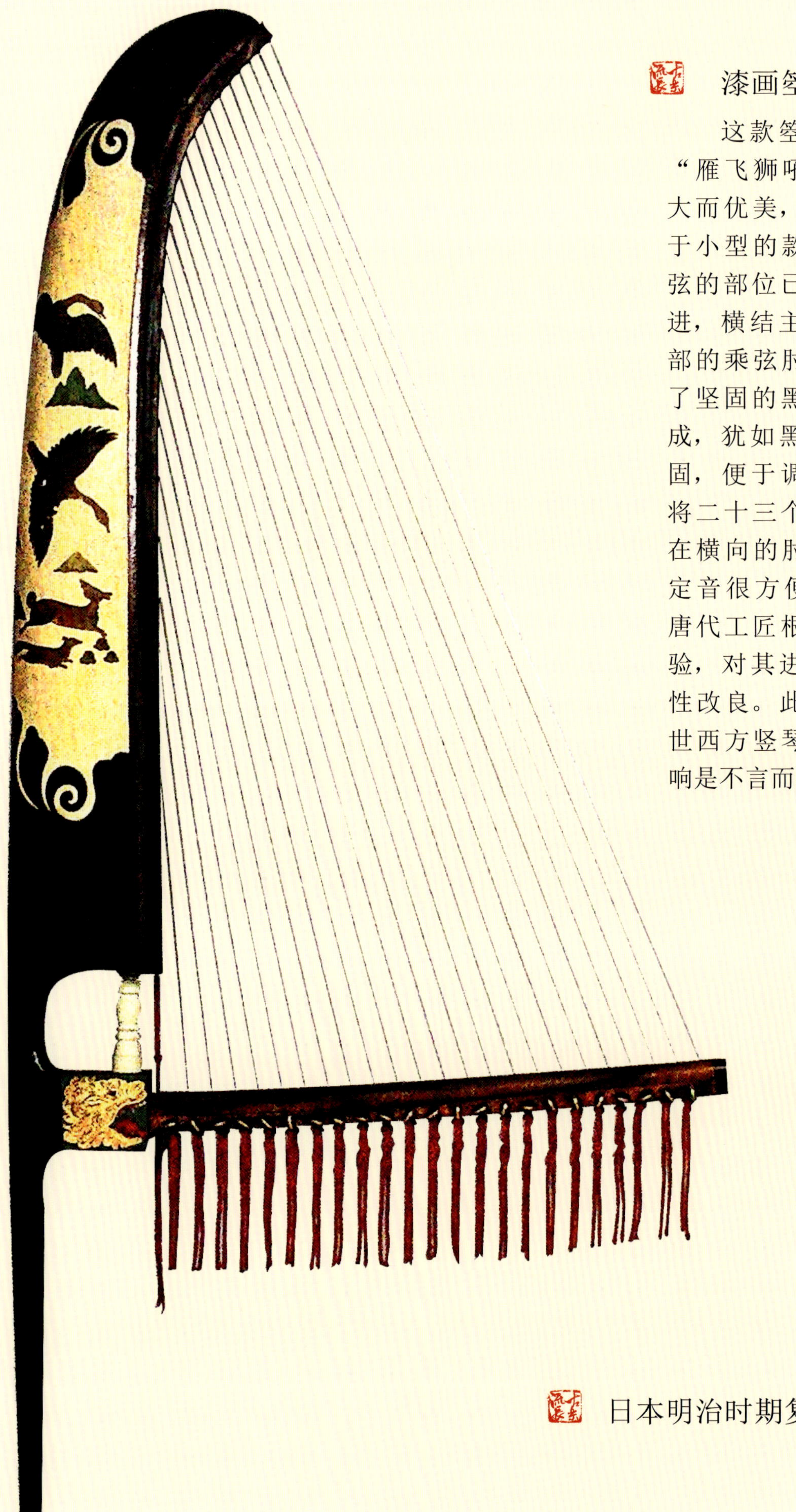

漆画箜篌

这款箜篌可名为“雁飞狮吼”，体型大而优美，性能也优于小型的款式，在调弦的部位已经有了改进，横结主体响槽下部的乘弦肘木，使用了坚固的黑柿木材制成，犹如黑檀一样坚固，便于调弦使用，将二十三个调弦钮设在横向的肘木部位，定音很方便。显然，唐代工匠根据演奏经验，对其进行了功能性改良。此器对于后世西方竖琴发展的影响是不言而喻的。

日本明治时期复制品

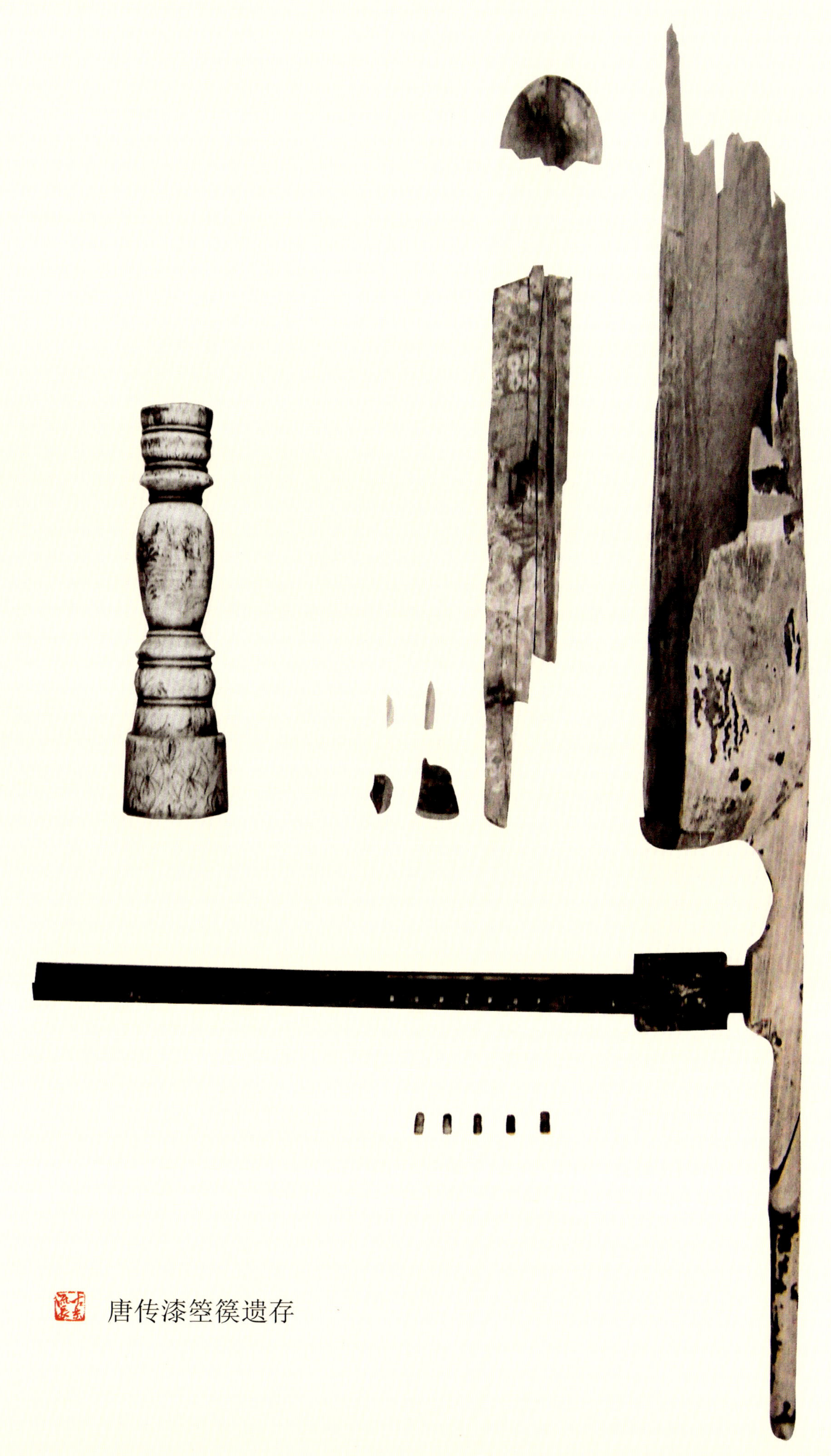

唐传漆箜篌遗存

筝

本款象牙装饰的彩画筝是唐代东传乐器的遗存。筝在现代通称古筝，古代称为秦筝，可能源于战国末期，兴于秦地而得名。筝在古代应主要在北方使用，汉代以前，在江南不曾见。此象牙彩画筝是迄今所知唯一的古代宫廷所用古筝，工艺华丽，造型华贵，用材讲究，工艺繁杂，是大唐传统工艺的杰作之一。这种古代的筝，在漫长的历史中使用十三根丝弦进行演奏，并根据乐曲的需要，可以一边演奏一边移柱来调节出所需的音高。

象牙彩画筝遗存局部

彩画筝遗存

象牙彩画筝遗存局部

象牙彩画筝遗存局部

象牙彩画筝遗存局部

近代复制的唐代彩画筝

金银平纹琴

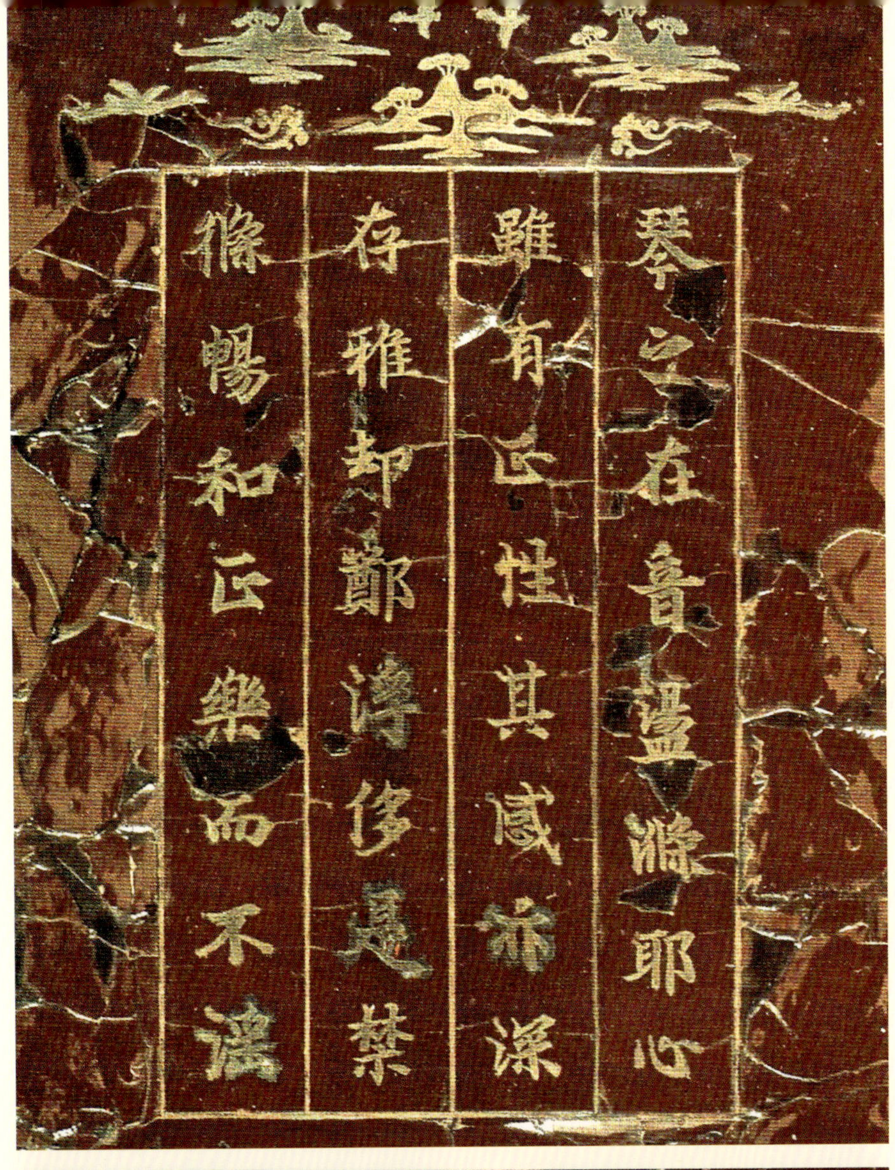

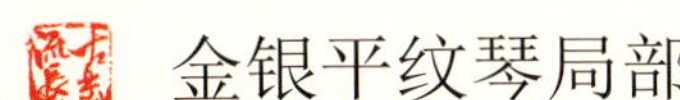

金银平纹琴局部

金银平纹琴

中国固有的弦乐器，古代通称为琴。传说，上古的天子舜帝喜好音乐，经常边弹着五弦琴，边唱着《南风》这首歌。据正史的《隋书·乐志》记载，神农创造了五弦琴，到了周朝，文王、武王增加两弦，使五弦琴定型为七弦琴。此后，各种形制的七弦琴不断问世，传承至今。准确正名的话，此器应称为“金银平纹琴”，是仲尼式，也是迄今为止发现的一件豪华且典雅的珍品。根据其花纹，可名为“竹林仙人”。

金银平纹琴局部图

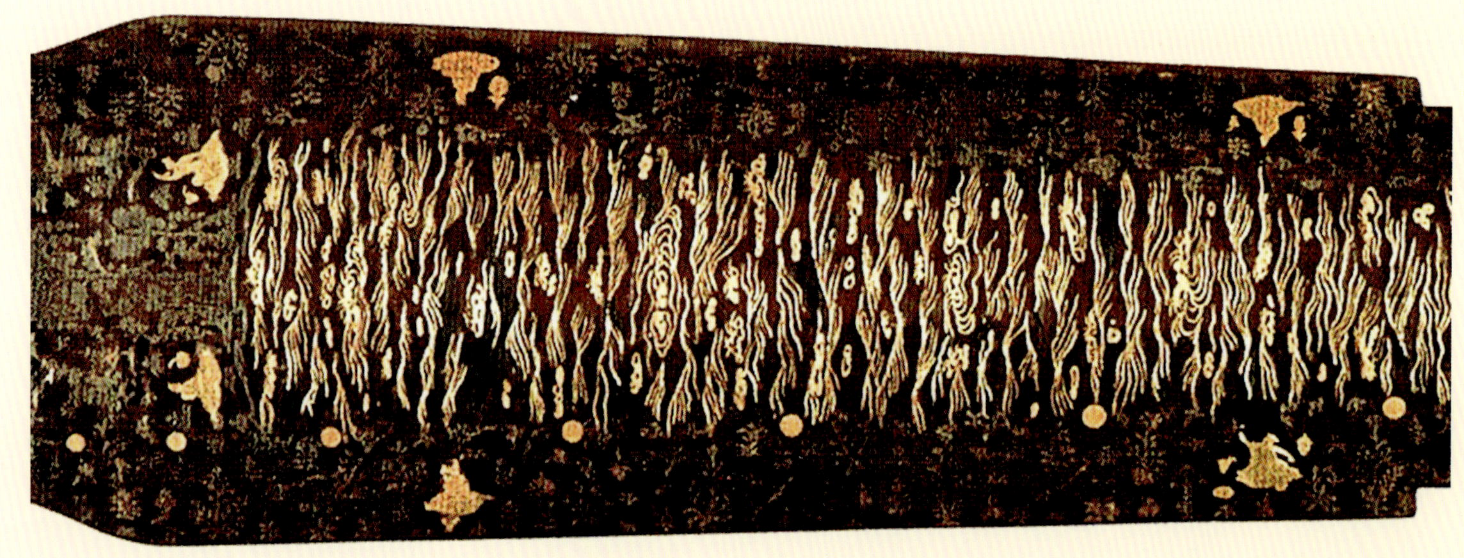

上图为金银平纹琴龙尾的麒麟画面，下图为水纹与贤人们的姿态图案。十三个金徽当中的一部分图案采用的金银彩绘的工艺手法明晰可见。

琴头部分的金泥图绘，极为细腻地描绘了竹林贤人们的闲逸生活，上有对称的乘凤飞仙，远处是群山浮云飞鸟，中部两端是竹林树木和落栖的鸟儿，下面是花草里的孔雀与鸳鸯。欢快的鸟儿们衬托出三老的悠闲生活氛围，嵇康弹琴，阮咸弹阮咸，阮籍饮酒，自得其乐。

此为近年研制的新款金银平纹琴，华丽而雅致。

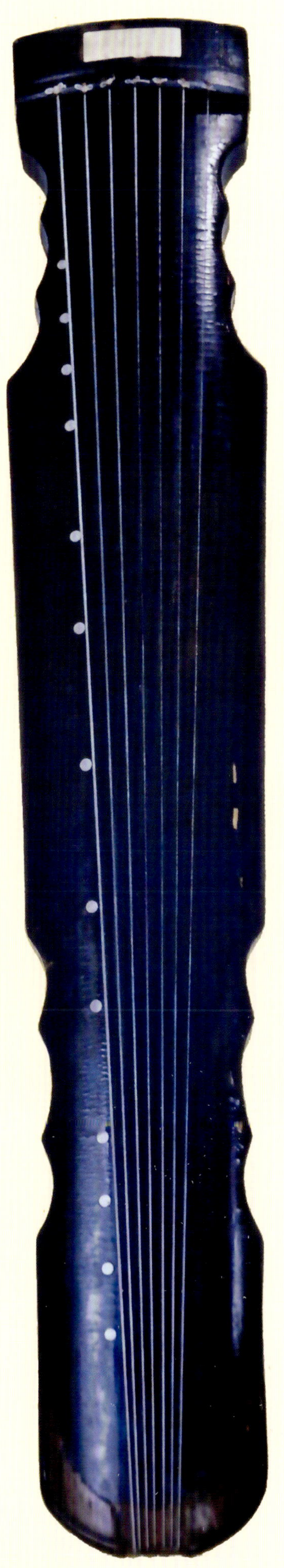

此为中国台湾故宫博物院馆藏的名琴“春雷”，古朴无华。

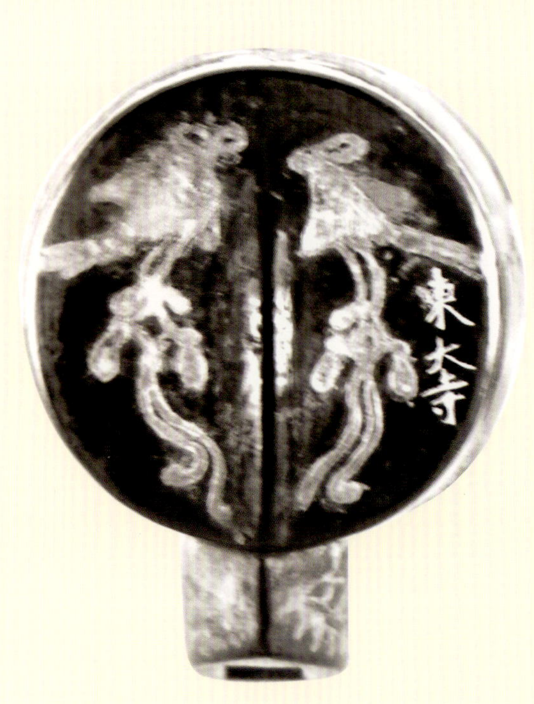

唐传斑竹笙局部图案

唐传斑竹笙

斑竹笙和吴竹竽

使用江南斑竹制作的笙称为斑竹笙，采用吴地的竹材制作的竽称为吴竹竽。

在中国的传世神话里，称人之创世祖女娲发明了笙簧，大的称为竽，小的称为笙。今中国南方少数民族及东南亚各地多数国家仍可见到原始的大小葫芦笙，皆为同类乐器。周朝的礼乐制度八音之中的匏属乐器，便是宫廷音乐最初对于笙簧乐器的使用记载。至春秋战国时，雅乐盛兴，宴乐时尚，为了使匏竹的笙簧乐器不易腐朽而得以长期使用和保存，便用大漆将乐器涂封造型，从而延长了乐器的寿命。汉代亦如此。而到了唐朝，工艺技术提高，乐器装潢更上一层楼。

唐传吴竹竽

吴竹竽

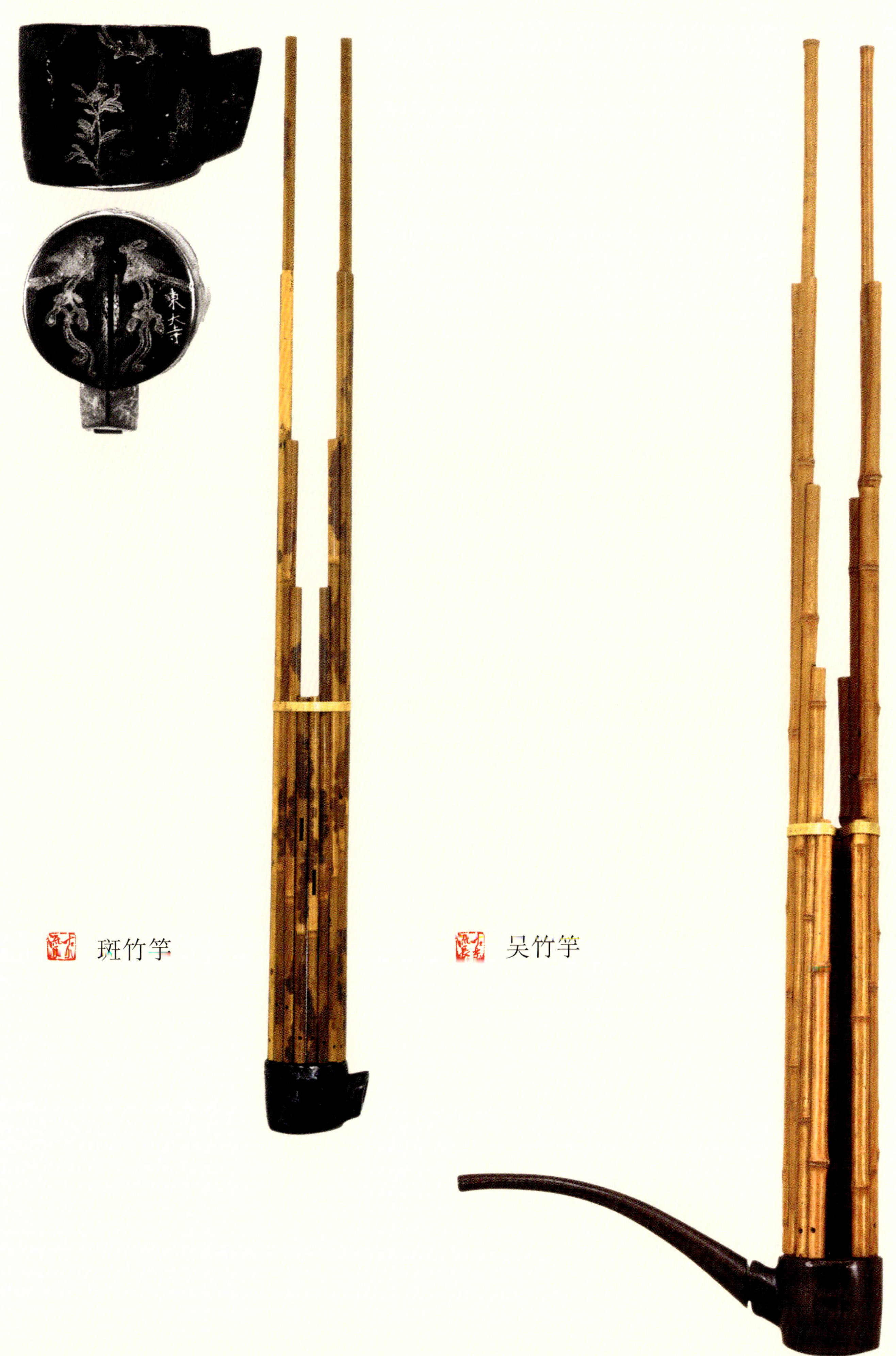

斑竹竽

吴竹竽

吴竹笙

吴竹笙和斑竹笙

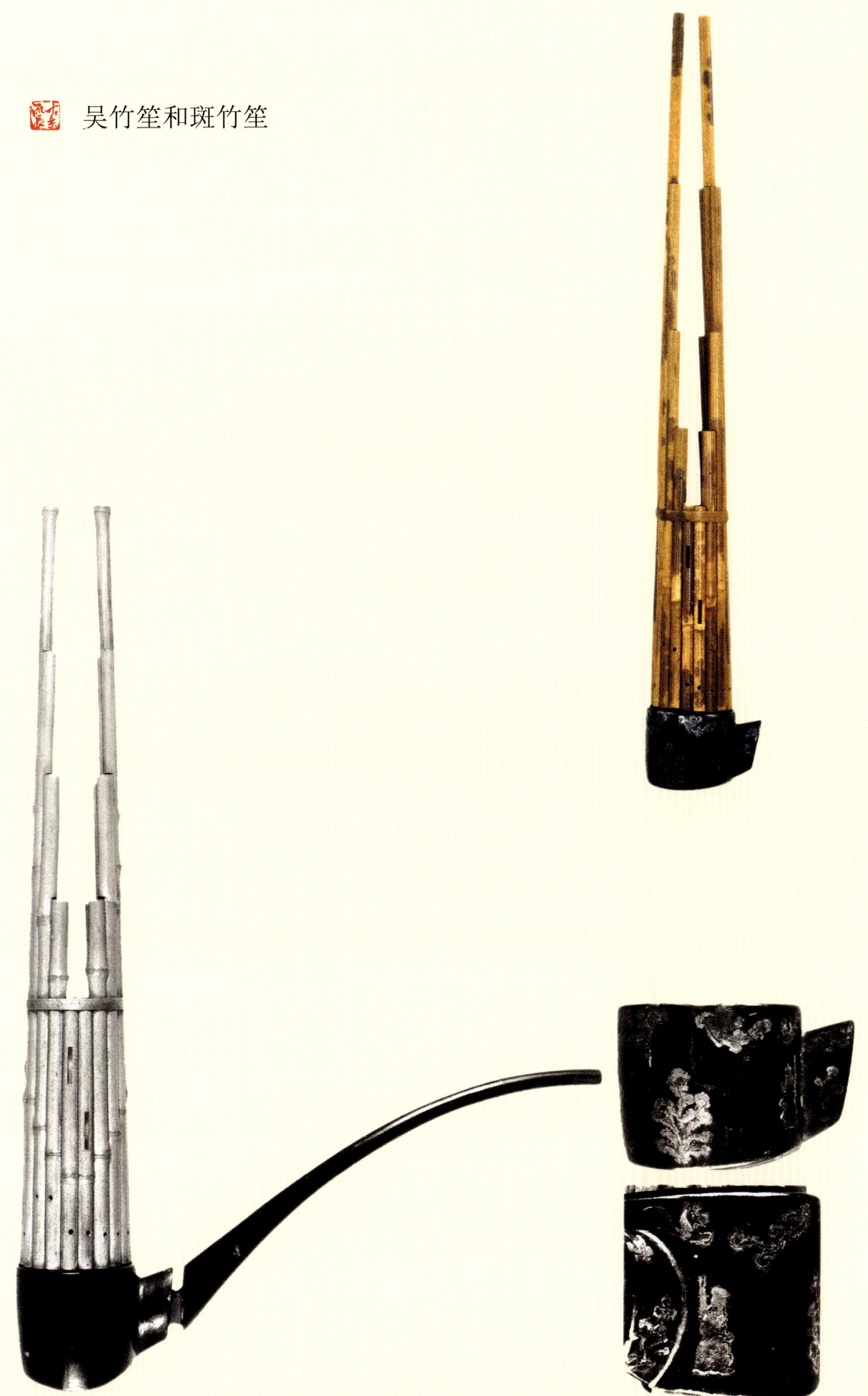

雕石尺八

尺八的称谓盛兴于唐代，以唐尺（小于今尺的衡量单位）标准衡量一尺八寸之竹管竖吹乐器而得名，其后将一尺四寸、一尺六寸、一尺八寸至二尺六寸不等长度的竖吹之物皆称为尺八。此器音色低音厚重，高音明亮，由于吹口空间宽阔，音柱控制可以达到宽幅。唐代尺八演奏者，女性居多。

本器采用蛇纹岩制作，石料的俗称为腊石，可称为“云山蝶鸟”。

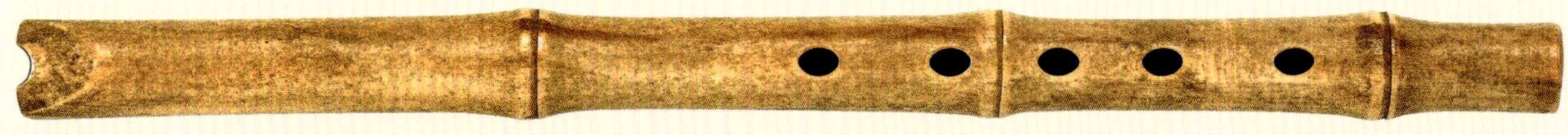

象牙尺八

唐代宫廷的乐器，曾使用过多种材料制作，多数为竹制，象牙尺八唯此一管传世，可名为“风神”。

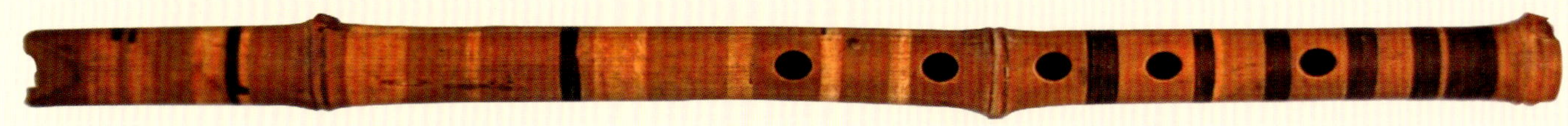

桦卷尺八

唐代东传乐器。因竹管音孔之间卷贴有桦树皮，便于演奏使用和保护竹管不易开裂，故称为桦卷尺八。

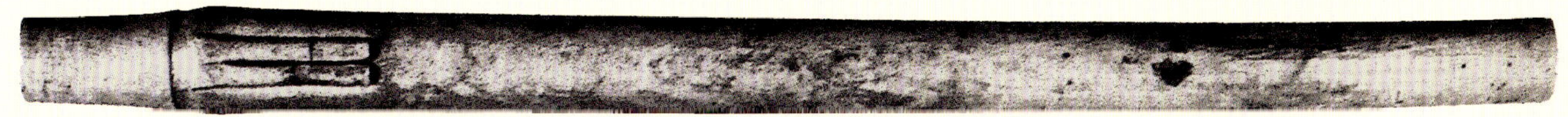

象牙横笛

唐代只此一管象牙横笛留传后世，与象牙尺八并存。无膜孔的横笛源于南亚的古印度，汉代以后流传甚广，而以象牙制作的技术非同寻常，要将坚韧的象牙材质笛筒掏空，并且打磨笔直光滑。由于乐器制造用料必须使用靠近牙尖的部分，因而料稀工贵。此器无多余装饰工艺，只把笛头部位后方雕成竹节形断枝，如画龙点睛一般恰到好处。

近代复制刻雕尺八

精雕细刻的刻雕尺八，图案里刻画了梨园女乐们的学艺演艺场景。

雕石横笛

雕石横笛是在一块石料上雕琢而成的乐器，笛管上下管粗不同，并且外管细腻地雕出花草图案的浮雕，其难度可想而知。这也是唐传的珍品。

雕石横笛

竹横笛

竹横笛取自竹材，利用其分枝截断部分作为装饰物，显得古朴美观，颇有自然派审美的效果。

甘竹箫（残缺）

这是两只甘竹箫的残缺部分遗物，也是唐代宫廷乐队里使用的款式中的宝贵遗存，因为采用的竹材为“甘竹”的品种而称为“甘竹箫”。

近代复制甘竹箫

在甘竹箫遗物的参考下，以同一品种的甘竹复制了这款新的甘竹箫，音色甘美醉人，犹如天乐一般感人肺腑。

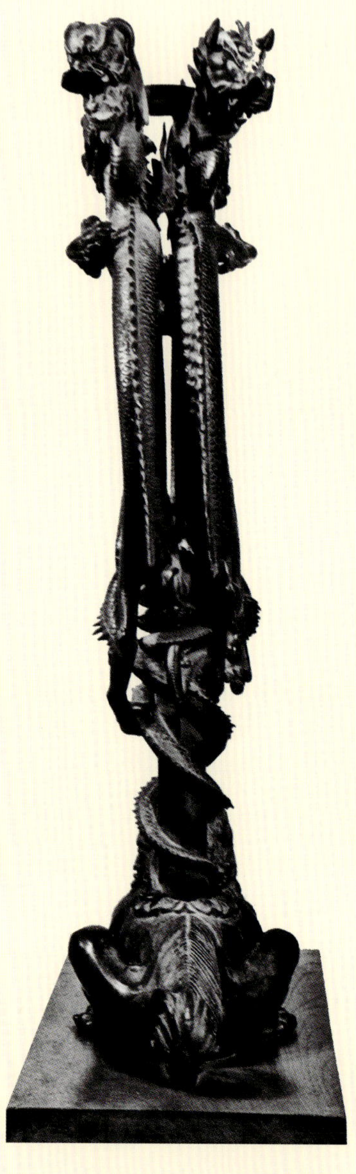

华原磬侧面图

华原磬（铜磬）

唐代高宗与武后时，赠予遣唐使的三件宝物是华原磬、水晶球、泗滨浮磬。华原磬是唐代寺庙中使用的佛教法器之一。然而，它的正确称谓应是“金鼓”，因其是敲击的青铜乐器，不应与石磬混同。此款珍贵的佛寺传世法器，也是存世孤品，精湛的制作工艺令人叹为观止。以此器的造型特点和加工技术高度，可看到唐代青铜工艺已比商周战国时大有进步。它以极其细腻的工法展现了唐代的审美趣味和技术水准。

泗滨浮磬

右图为泗滨浮磬，同为高宗朝时期赠予遣唐使的国礼。此浮磬为宽幅茄子形，石料为中国山东省泗水流域出产的绝好黑色贵石。

华原磬局部图

弐 撑回霞手上并

両手上并

背撥 虎

上四指

當二度

八火 ム八 以撥虎寳撥面便 一乚之ム火ㄙ八冂

令有乜八ム等聲

之上斗十 二反 乜 下食之音 ム 以上八 乜ム 以上八 以撥合撑霞手并 四位共得其音

一乚之ム火ㄙ八冂之上斗十 二反火冂 次

撥虎之音 以撥 右以大指打撥面 ㄙ之ㄙ引 枝撥之次合 一乚之

虎柳 度 二度 有此二聲

ム火ㄙ八冂乚之上 下 長打拍子事 法住寺 撥取拍事

亂調事 打撥角 间拍子事

撑回霞手上

弐 諸 合 八ノ 并前 只拍上し

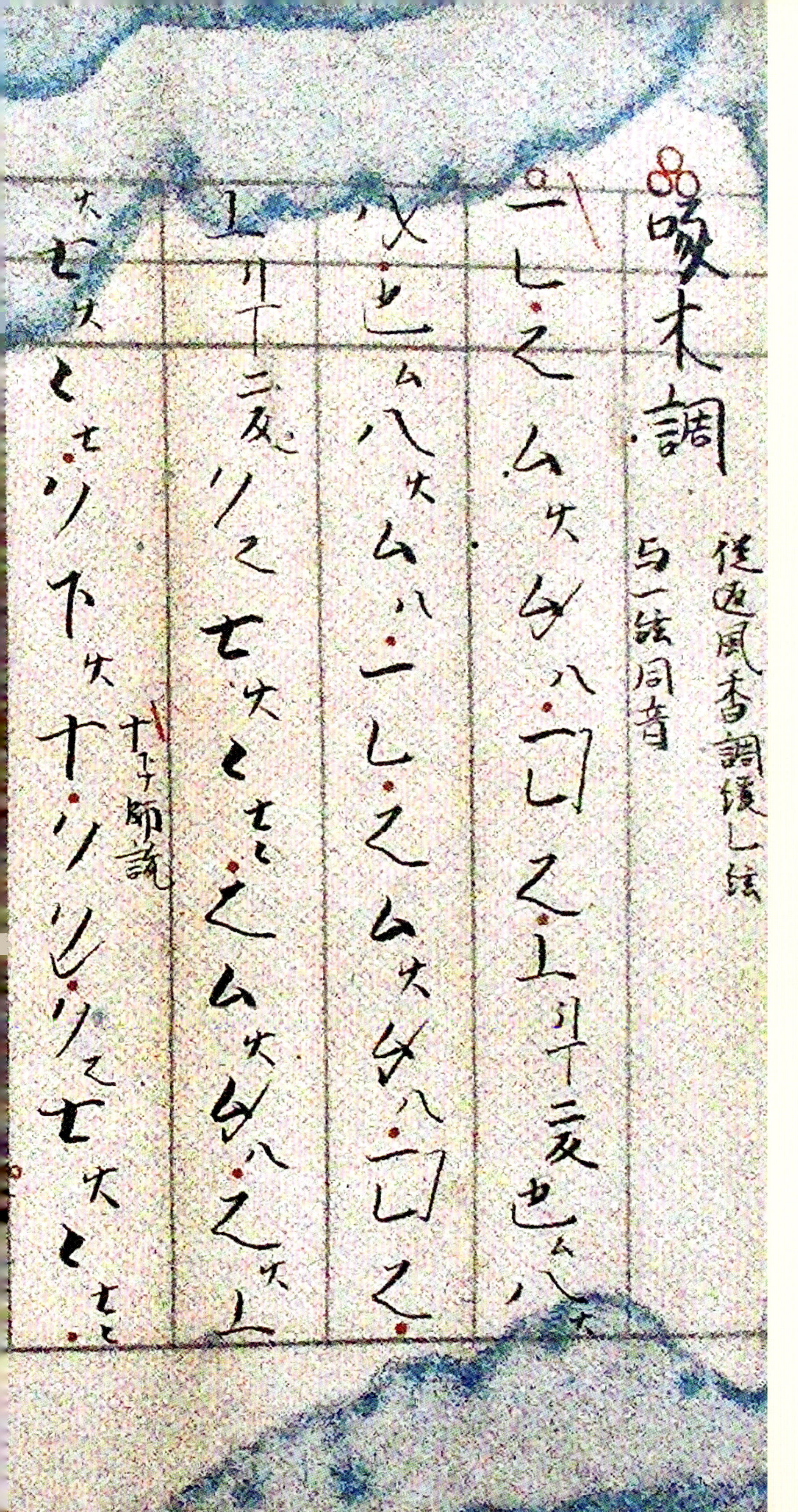

秘谱“啄木调”

唐代古乐谱“啄木调”，是扬州北水馆琵琶博士廉承武传授给遣唐使判官藤原贞敏的秘谱，其音乐形象地描绘了啄木鸟林中生活的声音情景。此谱保存至今，是今人研究唐乐的宝贵资料。

乐舞图舍利盒

乐舞图舍利盒的画面上，描绘了古西域先民乐舞活动的生动场面，身着动物模样衣装的舞者们，在音乐的伴奏下，似在模拟猛兽的动作而欢腾起舞。乐队由两人抬大鼓，一人敲打，一人弹箜篌，一人吹横笛，其余的乐手们（舍利盒背面图）在演奏着其他的乐器。乐舞的场面隆重热烈，与古人的图腾崇拜和祭祀活动有关。

供养乐舞图

敦煌壁画上有二百多幅描写佛界供养的图案，这幅画面栩栩如生地描绘了乐伎和舞伎的表演场面。前面两侧盘坐的乐伎各持不同种类的乐器演奏乐曲，中央的舞伎反弹琵琶起舞，后面站立的乐伎似在领唱佛曲，其余盘坐的各位似随领唱者合唱。

贵妇弹琴图

本图描绘贵妇的艺术生活。左边盘坐的贵妇似已投入琴曲的意境，其余人有的在悉心聆听，有的似要交耳评说感受。

韩熙载夜宴图（临摹）

在取自《韩熙载夜宴图》局部画面的内容上，可看出这位权贵不仅喜欢欣赏音乐，还能亲自打起鼓来为跳着“绿腰”的女舞者合乐伴奏。

韩熙载夜宴图（临摹）

松赞干布求婚图

松赞干布求婚图，是一幅著名的历史故事画，它描绘了公元7—9世纪初唐时期，唐与周边诸藩和睦相处。已被安抚的藩族诸王们，派遣使节向唐皇室求婚，以示修好的善意和敬意。本图描绘了太宗皇帝接见吐蕃松赞干布所派特使的有趣场面。

音樂

春游图

这幅敦煌壁画，描绘了春光明媚、鸟语花香的情景。艺人于草地上耍杂技、伴乐、跳舞，而在佣人和仕女的引导下，富人坐马车赶来观看。

这幅宋代墓葬壁画上的奏乐和舞蹈图，描绘了唐乐的场景。表演者的衣饰说明了时代的变迁，可使用的乐器却和唐代编制相同。

宋代乐舞图

宋代的衣装已与唐代有了明显的变化，头顶冠帽的变化最为明显。而乐舞的表演却与唐代有着关联性，立部伎（唐代称站立演奏的乐队为立部伎）在为舞者伴舞，使用的乐器与唐人同类。

听琴图

宋代的画卷《听琴图》，描绘了著名的历史场面，是表现皇帝和大臣的互动故事。宋徽宗穿着宽松的道服于松树下投入乐曲的倾心演奏，他最喜欢的两位大臣是音乐的知己，他们对坐静心聆听而感慨不已。皇帝旁边高台上的玉香炉缭绕起一股青烟，侍童立于大臣一侧，这是多么优雅的一幅场景！这位南宋的天子宋徽宗皇帝，虽然多才多艺，然而此后不久，他却葬送了政权和国家，在异族南侵后，成为亡国的阶下囚。

反弹琵琶天女

辽代（公元 916—1125 年）遗物，石浮雕作品。（美国大都会博物馆藏）

弹阮咸乐舞壶

辽代这具精致的羊头装饰壶面上，装饰了乐舞表演的图案。乐师盘坐于桂树下，弹起阮咸，为两位女性舞者伴奏。凤鸟也前来倾听，表示乐声和舞姿是美妙的。

北国妇人奏胡琴图

这幅画美观典雅，勾画了北方草原生活中，妇人和自己的孩子在野外席地而坐，妇人拉着胡琴，男童好奇地聆听。

吹箫女

这是一幅明清过渡时期的奏乐图，描绘持筝与拿扇的妇人正在用心地聆听吹箫（洞箫）人的演奏，其衣装已与前代有了很大的变化。

宫女百艺图局部

明代仇瑛的这幅工笔横卷《宫女百艺图》，内容丰富，构图规整，揭示出上层社会的后宫文艺生活百景。年轻的女性，在雕梁画栋的后宫环境中，进行着琴棋书画等活动。画面上包含各种场景，如奏乐前后的一些情景、练习舞蹈的场景、围棋对弈、画家为贵妇人画像、贵妇读书弹琴和观赏鲜花美景，等等，应有尽有。

宫女百艺图局部

上图为室内弹箜篌与打拍板的练习场景，室外的宫女端送茶点忙碌不已。下图为舞者练习舞步的样子。

编磬

清朝的皇家编磬，注重体现皇权的至高无上，磬架雕花为凤纹，每一枚磬面刻有图文，明示宫廷崇尚的图腾和要传达的威严。此磬已改变了商周以来的ㄟ字形，变为矩尺形，磬体尺寸同样大小，以厚薄决定音高，演奏音响共振不及传统工艺的编磬平衡。清代编磬是以外在的美观形象为优先条件来制造的。

编钟

清朝的编钟与编磬同样，注重表现权力的至高无上。钟体铸有龙纹浮雕，钟架同样雕琢为龙纹造型。清朝的钟体已改变了商周以来的传统，由合瓦形变为圆筒形，与清代的编磬一样，这些编钟体积外形一致，以厚薄来决定音高，演奏音响已不如传统的编钟。

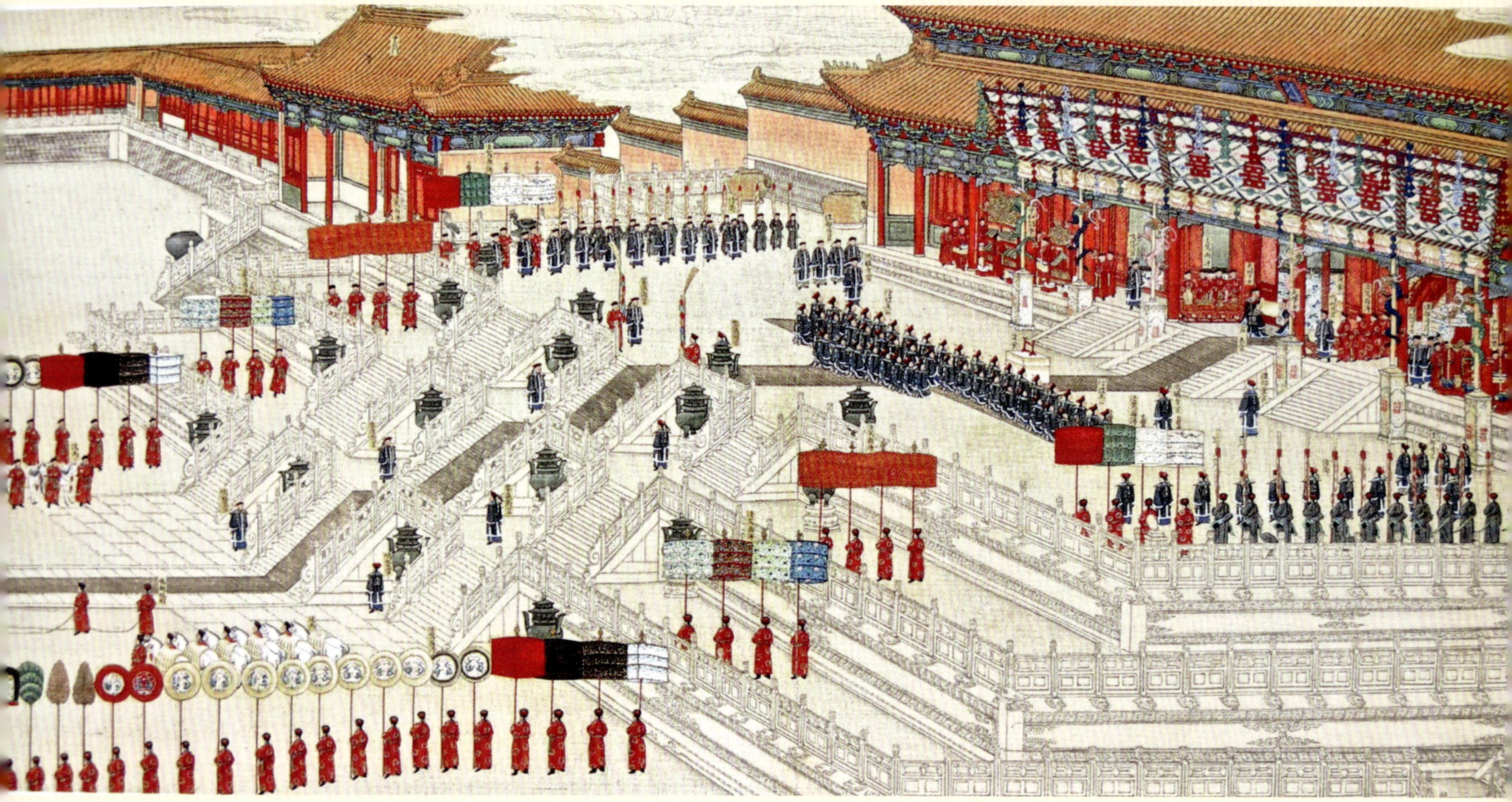

皇帝大婚之礼图

该图描绘了清朝国都燕京的宫廷里，皇帝举行婚礼时的壮观场景。文武百官就位，王侯跪拜行礼，侍从列掌旌旗，在宏伟的太和大殿之上，金钟玉磬高悬，喜字高挂，充分地体现皇家盛典的宏大喜庆。

柷（左图）/敔（右图）

在雅乐里，柷担任开始演奏的指挥角色，演奏柷的人手持一木棒，在柷槽里敲打后，音乐方可开始演奏，其独特的音声和节奏能与乐队契合。敔为演奏即将结束时的指挥角色，演奏者手持一竹刷式的棍子，于敔的背齿上反复摩擦发声，即通知乐队演奏已应结束，乐队的演奏就会自然停止下来。这是古代雅乐开乐和止乐的形式。

建鼓（右页大图）

建鼓是雅乐队必不可少的乐器，因为它有浑厚的低音，可烘托管弦的高中音旋律，使得音乐演奏具有整体上的稳定性，不至于音声单薄使人不安。有时它也有指挥节奏的作用。

后　记

本书取材，主要得益于日本正仓院事物所对于收藏品的资料使用许可，也得益于几位优秀的画师协助将古乐舞的图绘以临摹和修复的手法，展现于今人的面前。在此基础上，笔者与同人在相关的博物馆拍摄了大量重要的历史文物图像，并对这些资料进行了认真的研究，进而编辑成册。多年来的追寻和调查表明，古代隋唐时期丝绸之路东传与近代流失于海外的贵重文物，是人们不可忘怀的历史文化遗产。它们是不可或缺的历史文化信息，了解它们的轨迹和形象，便可充实我们的精神世界。让这些宝物复归原主，或只是追寻、记录这些随着历史变迁而流失的文化，都是时不我待的重要工作。

借此，我首先要感谢为笔者常年工作的李臣英女士；感谢日本正仓院事务所前所长米田雄介博士和现任所长彬本一树博士的极大理解和鼎力协助；感谢记录并保存了唐代宫廷资料的友人们所提供的内部资料，才能再现那些鲜为人知的历史人物和器物的信息。这些实物、画卷填补了中国文化艺术史上那些曾被以为是逝去了的空白篇章，弥足珍贵。在此，更应感谢我的恩师于继学先生，是他将我引入多学科的领域；感谢赵宋光先生，他所介绍的具有扎实学识的精英人士让笔者受益良多。古代的灿烂文化靓丽迷人，愿它们重生重长，愿它们重放光辉。

本书中的图像使用已得到有关部门和人士的许可，如有个别图像未标明出处等，敬请谅解。如果本书仍有错误或疏漏之处，敬请读者指正。

致 谢

中国文物大系、中国古代乐器、唐代文、隋书乐志、通典、旧唐书乐志、中国音乐词典、宋乐府诗集、中国音乐图书目录、唐代文化、中日音乐交流史、中国台湾省故宫博物院图录、唐代宫廷秘史、唐诗选、敦煌琵琶谱、敦煌壁画图文集、青州博物馆条目、南京博物院条目、陕西省博物馆条目、河南省博物院条目、上海博物馆条目、北京国家博物馆条目、韩国音乐大辞典等。

资料协助：日本正仓院事务所、日本天平音乐研究所、日本天平乐府、韩国首尔国立国乐院、韩国南怡岛刘宏军世界民族乐器展示馆。

摄影：［日］北田仁司、［日］刘宏军。

图书出版编目（CIP）数据

古乐流长 / （日）刘宏军编著；（日）刘宏军等供图.
—北京：中国科学技术出版社，2015
（中国古老文化寻踪）
ISBN 978-7-5046-6852-3
Ⅰ. ①古… Ⅱ. ①刘… ②刘… Ⅲ. ①古乐器—介绍—中国
Ⅳ. ①K875.5
中国版本图书馆 CIP 数据核字（2014）第 305436 号

著作权合同登记号：01-2014-7721

作　　者　［日］刘宏军
供　　图　［日］刘宏军等
统　　稿　黄明哲
校　　阅　隋　郁
审　　定　罗　哲

出 版 人　苏　青
策划编辑　肖　叶　胡　萍
责任编辑　胡　萍　张　莉
音频编辑　张　佑
封面设计　朱　颖

封面供图　［日］刘宏军
装帧设计　朱　颖　王文文
责任校对　林　华
责任印制　马宇晨
法律顾问　宋润君

中国科学技术出版社出版
http://www.cspbooks.com.cn
北京市海淀区中关村南大街 16 号
邮编：100081
电话：010-62173865　传真：010-62179148
科学普及出版社发行部发行
鸿博昊天科技有限公司印刷

*

开本：635 毫米 ×965 毫米 1/8　印张：21　字数：336 千字
2015 年 1 月第 1 版　2015 年 1 月第 1 次印刷
ISBN 978-7-5046-6852-3/K·168
印数：1-3000 册　定价：168.00 元（附光盘一张）

（凡购买本社图书，如有缺页、倒页、
脱页者，本社发行部负责调换）